LE SÉNÉGAL À L'ORÉE DE L'EXPLOITATION PÉTROLIÈRE ET GAZIÈRE OFFSHORE

Les Fonds marins – Patrimoine commun de l'Humanité

Ndiogou NDIAYE

LE SÉNÉGAL À L'ORÉE DE L'EXPLOITATION PÉTROLIÈRE ET GAZIÈRE OFFSHORE

Les Fonds marins – Patrimoine commun de l'Humanité

Préface de Gory NDIAYE

L'Harmattan Sénégal

10 VDN, Sicap Amitié 3, Lotissement Cité Police, DAKAR
senharmattan@gmail.com
senlibrairie@gmail.com

ISBN : 978-2-336-54744-2
EAN : 9782336547442

DÉDICACES

À mon défunt père Boubala NDIAYE, ancien Président des anciens combattants, qui m'a permis de suivre ma passion, le « Droit maritime » ;

À Baba DIAO-ITOC, décédé le 3 juillet 2024, pionnier de l'expansion du pétrole au Sénégal ;

À mes petits-enfants : Nafissa et Cheikh Ahmadou Bamba, symboles des générations futures.

AVANT-PROPOS

Cet ouvrage est le fruit de longues recherches approfondies dans le domaine du « Droit des activités maritimes ».

Sa présentation sous une architecture didactique, en forme de rubriques précises, avec des exemples pratiques, parfois soutenus par des textes juridiques, au plan interne, comme international à travers une doctrine bien établie, témoigne de son intérêt certain.

Il s'adresse donc à un public très large, allant du simple citoyen avide de connaissances, jusqu'au professionnel en passant par l'étudiant-chercheur.

Cependant, il apparaît surtout comme un guide à la prise de décision pour nos dirigeants, à l'heure où notre pays accède au pétrole et au gaz offshore, avec les difficultés liées à la conservation de nos ressources nationales, surtout d'hydrocarbures, au grand dam des générations futures.

Ainsi, le souci de préserver l'écosystème marin, face aux impératifs technologiques de l'exploitation du Pétrole et du gaz, en permanence avec l'encrage du Sénégal à l'I.T.I.E, aura été à coup sûr, une étape décisive de l'ouvrage.

Et, tel ouvrage se référant fondamentalement à la Convention de MONTEGO BAY, en Jamaïque, du 10 décembre 1982 pourrait servir de base à de futures négociations aux alentours des années 2050, pour un meilleur équilibre mondial du droit de la mer.

Enfin, le choix du préfacier n'est pas fortuit, d'autant plus qu'il s'agit d'un expert de profession, reconnu en la matière, au plan international.

L'auteur

PRÉFACE

C'est pour moi un plaisir immense et une fierté de préfacer cette production dont l'auteur Maître Ndiogou Ndiaye, au-delà de ses talents intellectuels et professionnels, représente un modèle d'humanisme par les valeurs qu'il incarne.

Il n'y a donc pour moi aucune surprise qu'il ait pu consacrer une partie de son temps précieux à une revue analytique aussi riche des dispositions et mécanismes mis en place par la communauté internationale, en perspective d'une gestion harmonieuse du patrimoine marin mondial.

Il y a sans nul doute une prise de conscience partagée de la nécessité pour tous de protéger l'environnement et de veiller à la préservation aussi bien des ressources terrestres, que celles des fonds marins pour l'intérêt de l'humanité.

Le contexte mondial actuel, avec une énorme demande de satisfaction des besoins de l'homme, installe une telle pression sur l'exploitation des ressources propres au sens des limites territoriales qu'elles deviennent rares.

Cette situation expose les autres ressources, patrimoine mondial, à la convoitise des grandes puissances et de la technologie de pointe.

Par ailleurs, les tensions économiques qui traversent toutes les nations ont fini d'installer, en particulier en occident, un réflexe communautaire que certains justifient par l'immigration en masse des jeunes du tiers monde, avec ses « effets *» sur l'emploi et le climat social dans les pays d'accueil.*

Cette immigration, conséquence de systèmes politiques pas souvent en phase avec les ambitions des populations des pays sous-développés comme le nôtre, est aussi une conséquence des relations trop déséquilibrées sur le plan commercial et technologique, entre nous et l'occident, mais également, notre mise à l'écart des systèmes de décision de « la gouvernance mondiale ».

Ce tableau dépeint avec éloquence l'enjeu et les problématiques de la conception et de la mise en œuvre d'un système de gestion humanitaire de ressources communes avec des mécanismes et des règles équitables, acceptés par tous.

Les exigences qui sont désormais les nôtres du fait de notre position de producteur de pétrole et de gaz, donnent un intérêt certain aux lecteurs de cet ouvrage, dans la mesure où il ouvre pour les décideurs, les chercheurs, les étudiants et les citoyens avides d'informations sur les questions de droit des activités maritimes et de gestion des ressources des fonds marins, des pistes de réflexions fertiles.

Bonne lecture à tous et toutes. Nos félicitations à l'auteur à qui nous souhaitons un succès au-delà de ses espérances.

Gory NDIAYE
Expert maritime
Président honoraire de l'ordre national des experts du Sénégal (ONES)
Membre de l'association internationale des villes portuaires (AIVP)

PRINCIPALES ABRÉVIATIONS

A.D.I. : Académie Diplomatique Internationale.

A.F.D.I. : Annuitaire Français de Droit International.

C.E.D.E.M : Centre de Droit et d'Économie de la Mer.

C.E.N.E.X.O : Centre National pour l'Exploitation des Océans.

C.E.N.U.C.E.D : Conférence des Nations Unies pour le Commerce et le Développement.

C.N.R.S : Centre National pour la Recherche Scientifique.

I.T.I.E : Initiative pour la Transparence dans les Industries Extractives.

J.M.M : Journal de la Marine Marchande.

L.G.D.J : Librairie Générale de Droit et de Jurisprudence.

M.I.T : Massachusetts Institute of Technology.

O.N.U : Organisation des Nations Unies.

P.I.P : Protection des Investissements préparatoires.

P.V.D : Pays en Voie de Développement.

R.C.A.D.I :	Recueil de Cours de l'Académie de Droit International.
R.G.D.I.P :	Revue génerale de Droit international public.
S.F.D.I :	Société française de Droit international.
Z.E.E :	Zone économique exclusive.

SOMMAIRE

DEUXIÈME PARTIE

**II. LA DYNAMIQUE INSTITUTIONNELLE :
UN RÉGIME UNIVERSALISTE**

INTRODUCTION

L'apparition au Sénégal du pétrole et du gaz en mer, offshore, commande une sensibilisation accrue, digne d'intérêt pour notre pays, en voie de développement.

Il a été admis de tout temps, que la zone de mer adjacente aux côtes appartenait à l'État riverain et que la zone des fonds surplombés par la haute mer suivait le sort de celle-ci.

Le pétrole et le gaz extraits de ces fonds marins, comme tout ce qui s'y trouve, appartiendraient dès lors exclusivement à l'État du Sénégal.

La doctrine estimait par la suite que le lit de la haute mer était une « res nullis »[(1)] susceptible d'appropriation privative, pourvu que cela ne porte atteinte au droit commun de la navigation.

L'intérêt pratique du problème n'est apparu qu'à une date récente avec la découverte de la richesse des grands fonds marins en nodules polymétalliques[(2)], probablement dans le pacifique sud. Seules des difficultés technologiques avaient retardé jusqu'ici l'exploitation de ces richesses sous-marines. Cet obstacle est en passe d'être surmonté.

En effet depuis ce temps, la technologie a subi un essor extraordinaire. De ce point de vue, un évènement qui nous semble important mérite d'être relaté : en 1960, le batiscaphe Archimède atteint la profondeur record de 10.800 m dans la fosse des Mariannes [(3)]. Grâce à cet engin, l'homme peut désormais aller lui-même observer les plus grandes profondeurs océaniques. Sans compter que l'océanologie (ensemble des sciences marines) moderne ne cesse d'accomplir de très grands progrès.[1]

Alors, va débuter la véritable conquête de l'océan et cette fois-ci, non seulement pour y obtenir droit de passage ou pour en extraire les richesses vivantes, mais aussi ses ressources minérales. L'exploitation de ces ressources représente une véritable aubaine pour les pays industriels de plus en plus soucieux de diversifier leurs ressources d'approvisionnement en matières premières face aux exigences croissantes des pays producteurs. Ce qui serait une alternative pour ne plus être tributaires de ces derniers. Par contre, les pays en voie de développement, comme le nôtre, craignent de se voir progressivement privés de ce qui constitue pour la plupart d'entre eux la seule ressource de leur économie, à savoir les recettes tirées de la vente des minerais extraits de leur sol ou bien les taxes diverses prélevées sur les activités des sociétés étrangères opérant en accord avec eux.

---

[1] Expression latine qui signifie « chose n'appartenant à personne ». Ce sont de petites concrétions métallifères riches en manganèse, nickel, cuivre, cobalt (dents de requins fossiles qui a servi à la concentration ionique). Le mot nodule vient d'ailleurs du latin nodus qui veut dire « petit ». Ces nodules se situent entre 3.000 et 7.000 m de profondeur. Ils furent découverts par le biologiste anglais MURRAY en 1874, lors de la première campagne océanographique du « Glamar Challenger » qui fit quatre ans en mer. Dans les années 65-70, grâce aux investigations des grands fonds marins on s'aperçut de leur concentration phénoménale (60.000 t.au km^2), les ressources du sous-sol de l'Océan Pacifique sont même évaluées à 2.000Mt. Ils pourraient ainsi assurer plusieurs millénaires à la consommation actuelle. Exemple tiré du mémoire de M. Jean François TASSI, p.1.

C'est ainsi qu'après d'heureuses découvertes, tout le Sénégal fonde beaucoup d'espoir sur l'exploitation du pétrole et du gaz en mer.

D'ailleurs, la renégociation des contrats d'exploitation de ces produits suscite beaucoup d'espoir et est devenue une question politique, sociale et économique très suivie.

Ces innovations techniques ont déclenché un puissant mouvement d'appropriation de la mer par les États riverains, notamment par les pays sous-développés qui n'ont pas les moyens de rivaliser avec les grandes puissances maritimes pour l'exploitation de la *« Mer libre »*. Ce mouvement a pris une grande ampleur du fait de la décolonisation, avec l'avènement d'États indépendants, et donc d'acteurs nouveaux dans les relations internationales. Parti généralement d'une base régionale, il s'est étendu à la terre entière. Il se traduit par une extension des eaux territoriales et du plateau continental, par la création de nouvelles zones privilégiant les États riverains. Il conduit également à une plus grande diversification des règles du droit de la mer en fonction des situations individuelles géographiques (archipel, mer fermée ou semi-fermée) ou économiques (pays en voie de développement, pays désavantagés, etc…). Pour mettre fin à l'anarchie, des dispositions juridiques devraient être prises, des arbitrages objectifs effectués, et des contrats, accords, conventions signés pour l'intérêt supérieur de toute l'humanité, et au bénéfice des nations généreusement dotées par la Nature.

Déjà dans un discours prononcé le 13 juillet 1966, le Président des États-Unis, Lyndon B. JOHNSON, proclamait qu'il fallait « *que les mers et les océans soient écartés de toutes formes de compétition afin que leurs sols et sous-sols deviennent et demeurent le patrimoine de l'humanité entière* ».

À sa suite l'Ambassadeur Arvid PARDO, Délégué de Malte, saisit le 18 août 1967 l'Assemblée générale des Nations Unies du point intitulé : « *examen de la question de l'affectation à des fins exclusivement pacifiques, du lit des mers ainsi que de leur sous-sol, au-delà des limites de la juridiction nationale actuelle et de l'exploitation de leurs ressources dans l'intérêt de l'humanité* ». (1)

Ce fut l'origine immédiate d'une suite d'évènements qui allaient bouleverser profondément le droit international de la mer. Le mouvement a commencé par la création du comité ad hoc des fonds marins qui très vite se transforme en un comité chargé de préparer la plus grande conférence du droit international jamais organisée (2).

Ce comité a été non seulement le premier reflet de l'état nouveau dans lequel se trouvait la société internationale ainsi que de ses nouvelles forces en présence, mais il a été également et surtout l'atelier où s'est développé le nouveau concept de « patrimoine commun de l'humanité » qui a aujourd'hui trouvé sa consécration dans la nouvelle convention des Nations Unies sur le droit de la mer, de 1982.

Ce concept a connu une solennelle consécration dans la déclaration des principes régissant les fonds marins et leur sous-sol, adoptée le 17 décembre 1970 par l'Assemblée générale des Nations Unies, lors de sa vingt-cinquième session (3). Il n'était pas connu jusque-là puisque le traité sur l'espace extra-atmosphérique de 1967 y faisait référence dans des termes, il est vrai, plus désuets.

La convention de 1982 en effet, entend établir un régime qui est, jusqu'à nouvel ordre, la réalisation la plus complète de la notion de patrimoine commun de l'humanité.-[2]

Les principes de ce régime devaient être les suivants :

1) Le fond des mers situé à l'extérieur des limites des juridictions nationales n'est susceptible d'aucune façon d'une appropriation nationale ;

2) Il doit être réservé uniquement à des objectifs pacifiques ;

3) La recherche scientifique n'ayant aucun lien direct avec des techniques militaires doit y être libre et ses résultats doivent être accessibles à tous ;

4) Les ressources du fond des mers doivent être exploitées en priorité dans l'intérêt de l'humanité tout entière, prenant en compte en particulier, les besoins des pays en voie de développement ;

5) L'exploration et l'exploitation du fond des mers au-delà des limites des juridictions nationales doivent être conduites en accord avec les principes et les buts de la charte des Nations Unies et d'une manière qui ne gêne pas, si cela n'est pas nécessaire, les autres

---

[2] Sur les motivations de cette intervention, cf. le discours du représentant de Malte à l'Assemblée générale le 1er novembre 1967. Doc.A/C./PV 11515 1516. Cette question sera bien détaillée dans notre première partie au niveau de la rubrique intitulée « les résolutions des Nations Unies », pour raison d'ordre pratique. Nous verrons aussi plus amplement cette question à ce niveau.

utilisations de la Haute Mer et qui ne compromette pas le milieu marin.

Ce régime, pour être fonctionnel, s'appuie sur un organisme international chargé d'administrer le fond des mers au-delà des juridictions nationales dans l'intérêt de l'humanité, en tant que mandataire de tous les pays.

Seulement le système d'exploitation des fonds marins a entraîné jusqu'ici de sérieuses divergences entre les pays industrialisés favorables à l'adoption d'un régime libéral (libre accès des sociétés nationales privées seules dotées de moyens techniques et financiers nécessaires à une exploitation rationnelle) et les pays en voie de développement partisan de l'établissement d'un régime rigide avec l'exploitation directe des fonds marins par une Autorité internationale seule habilitée à cette fin et prenant ses décisions à la majorité. La première méthode risque de consolider le quasi-monopole de fait des États les plus puissants, et la seconde d'instituer la prépondérance des États technologiquement les moins avancés et financièrement les plus pauvres.

Il faut se souvenir ici de l'avertissement lancé par M. Carlos Andrés PEREZ, Président de la République du Venezuela à l'ouverture de la session de CARACAS : *« Aucun droit de la mer ne peut être rationnel, engendrer un équilibre fécond et une justice démocratique internationale, s'il établit le privilège des grands pays maîtres des techniques les plus sophistiquées, utilisées au détriment et aux dépens de pays plus pauvres ou moins développés ».*(1).[3]

On s'est dès lors efforcé de trouver une solution de compromis. Celle-ci n'a toutefois pas donné satisfaction à tous les États, d'où la réticence de certains d'entre eux dont les États-Unis pour la ratification de la Convention.

Une chose semble néanmoins être acquise : l'idée du fond des mers *« patrimoine commun de l'humanité »* a, peu à peu, rallié toutes les nations, même celles qui étaient réticentes à toute internationalisation, et qui ont été obligées de modérer leurs positions. Cela tient à la nature universaliste du concept de patrimoine commun de l'humanité (première partie) qui se révèlera au niveau du sujet (Titre 1.) comme au sein de l'objet (Titre 2.) un droit international nouveau qu'il a engendré.

Si bien qu'aujourd'hui, la résolution du problème de l'exploitation des ressources des fonds marins passe obligatoirement par ce concept qui a conduit par une dynamique institutionnelle, à un régime (2 éme partie) dont l'universalisme apparaît aussi bien au niveau de ses principes (Titre 1.), que dans son application (Titre 2.)

Sauf à souligner d'ores et déjà ici que cette application pose encore d'énormes problèmes économiques et politiques, tant le concept de patrimoine commun est lié à la notion très controversée de développement.

---

[3] (1) citation reprise chez Joseph MARTRAY : « À qui appartient l'Océan ? » Ed. Maritime et d'Outre-Mer.PARIS.1977, p.27.

Le Sénégal, en ce qui le concerne, a ratifié la Convention des Nations Unies sur le Droit de la Mer (CNUDM). La CNUDM a été adoptée le 10 décembre 1982 à Montego Bay, en Jamaïque ; et le Sénégal a signé la Convention le 10 décembre 1982. Le pays a ensuite ratifié la Convention le 25 octobre 1984, devenant ainsi l'un des États parties à cette Convention qui établit un cadre juridique pour l'utilisation des océans et des ressources marines.

Au Sénégal, la loi N° 85-14 du 25 février 1985 portant délimitation de la mer territoriale, de la zone contiguë et du plateau continental et abrogeant la loi de 1976, prévoit que la zone contiguë de 12.000 marins est mesurée à partir de la limite extérieure de la mer territoriale (article 2 de la loi 85-14 du 25 février 1985). Cette option consacrée par la Convention de Genève de 1958 sur la mer territoriale et la zone contiguë apparaît comme une notion de compromis, qui transparaitra tout le long de cet ouvrage.

PREMIÈRE PARTIE

I. LE CONCEPT DE PATRIMOINE COMMUN DE L'HUMANITÉ : UNE NATURE UNIVERSALISTE

Le concept de patrimoine commun de l'humanité, appliqué aux fonds marins a renouvelé une part importante du droit de la mer.

Il devait précisément conduire à un droit international nouveau fondé sur une affectation des ressources du fond des mers et des océans à l'humanité, pour arriver à un nouvel ordre économique international.

Son analyse révèle ainsi un droit de nature universaliste. Cet universalisme se retrouve tant au niveau du sujet de droit (T.I), comme au sein de son objet (TII).

TITRE I

UNIVERSALISME ET SUJET DU DROIT

L'humanité est le sujet du droit résultant du concept de patrimoine commun. Autrement dit, elle est titulaire d'un patrimoine universel (Chapitre I.)

Ce droit de l'humanité est d'ailleurs reconnu sur le plan international (Chapitre II). Ce qui contribue à en renforcer en même temps l'universalisme.

CHAPITRE I

L'HUMANITÉ, TITULAIRE D'UN DROIT

Le fond des mers, patrimoine commun est affecté à l'humanité. Celle-ci est une abstraction, une idée. Elle a cependant un contenu juridique précis (Section I), et de surcroît une représentation concrète (Section II).

C'est ce qui fait que l'affectation soit possible. En droit un bien est toujours affecté à une réalité juridique.

Section I : Le contenu juridique du concept d'humanité

En effet *« doter l'humanité d'un patrimoine, la fait passer du plan des finalités et de l'idéal à celui d'une réalité juridique en cours de consécration »,* comme dit M.DUPUY. [(1)]

L'humanité est de ce fait devenue un sujet de droit à double signification : elle est à la fois trans-spatiale et trans-temporelle.

1. L'humanité est un concept trans-spatial

Elle recouvre au-delà des États, tous les peuples. Le concept d'humanité a une fonction universaliste. Il paraît ainsi comme fondamentalement harmoniste et non discriminatoire.

a. L'harmonisme

L'idée de base, c'est d'associer tous les peuples dans la propriété du patrimoine commun. Pour ce faire, tout critère fondé sur les capacités techniques ou financières est rejeté. [4]

Cela n'a pas été facile. On a ainsi vu au cours des sessions de la Troisième Conférence des Nations Unies sur le Droit de la Mer, les différentes stratégies des groupes d'États s'affronter, *« chacun s'efforçant d'orienter dans son intérêt un patrimoine qui, dans son principe devrait être affecté à tous »*. [(1)]

L'article 140 de la Convention est venu déclarer : *« les activités dans la zone sont menées dans l'intérêt de l'humanité tout entière, indépendamment de la situation géographique des États, et compte tenu, particulièrement des intérêts et besoins des pays en voie de développement... »*

Ce qui justifie l'attachement de ces pays à ce principe d'harmonisme qui veut que le concept de patrimoine commun de l'humanité soit présenté avec une telle finalité.

Seulement ce concept a été défini par les États législateurs du droit international. Or, en fait, ces États sont différents.

Ce qui fait que pour être complète, la trans-spatialité du concept d'humanité doit nécessairement aussi être un principe de non-discrimination.

---

(1) René Jean DUPUY : Préface in « les fonds des mers, patrimoine commun de l'humanité » par A.PIQUEMAL, CNEXO, N° 2.1973.

b. La non-discrimination

Elle permet de surmonter les différences entre États. Selon l'article 152 de ladite convention, l'Autorité évite toute discrimination dans l'exercice de ses pouvoirs. « Néanmoins, elle peut accorder une attention particulière aux États en développement et spécialement à ceux d'entre eux qui sont sans littoral et géographiquement désavantagés » (al.2).

M.Arvid PARDO, lui-même disait : *« il est impossible de réduire les principales inégalités qui existent entre les États dans le monde contemporain sans apporter de changements profonds à l'ordre international existant. »*(2) [5]

C'est dire que la non-discrimination n'est pas pour autant synonyme de maintien des déshérités dans leur situation. Au contraire, elle doit prendre en compte les situations concrètes de disparité pour établir l'égalité juridique.

Cette prise en compte de situations concrètes doit aussi se situer dans un vaste mouvement, dans le temps.

2. L'humanité est un concept trans-temporel

Elle concerne non seulement les générations présentes, mais aussi celles à venir. L'humanité est une notion prospective. L'importance du devenir est ici très nette. C'est ce qui explique que les contemporains n'ont sur le patrimoine commun qu'un droit d'usage.

---

[5] René Jean DUPUY : « l'océan partagé ».Ed. A.PEDONE, PARIS, 1979 p.149. 36éme séance du sous-comité I du côté des fonds marins. A./AC138/SC.1/SR.36,p.49.

a. L'importance du devenir

Au moment où les trois quarts du globe connaissent la faim et un besoin urgent de se développer, les fonds des mers, réservoir de richesse deviennent accessibles. Seulement si l'on n'y prend garde, ce patrimoine risque de disparaitre. L'espèce humaine est arrivée à une étape de son développement où sa survie même est menacée.

C'est pourquoi le concept de patrimoine commun de l'humanité vise à mieux partager aujourd'hui et à sauvegarder pour les générations à venir, ces richesses.

Ainsi en dehors du partage, l'idée de base de ce concept est que ceux qui vivent aujourd'hui ne sont qu'un maillon d'une chaine qui ne doit pas être interrompue.

Ils n'ont sur le patrimoine qu'un droit d'usage.

b. Un droit d'usage

Les générations présentes ne peuvent que jouir des fruits du patrimoine commun de l'humanité. Elles ne doivent pas détruire ces ressources, mais les gérer dans l'intérêt de celles qui viendront.

« Les nations, groupées dans le système institutionnel chargé de la gestion du patrimoine commun, doivent se comporter en intendant des générations à venir, elles ont le devoir de la protéger contre la dégradation tenant à la conception de l'idéologie ou résultant de la surexploitation des ressources, gestionnaires des espaces. Elles seront comptables de leurs richesses [1].

Cette philosophie humaniste est bien comprise au Sénégal, où l'article 25 alinéa 1 de la Constitution, qui est la loi fondamentale, prévoit : « *les ressources naturelles appartiennent au peuple. Elles sont utilisées pour l'amélioration de ses conditions de vie. L'exploitation et la gestion des ressources naturelles doivent se faire dans la transparence et de façon à générer une croissance économique, à promouvoir le bien-être de la population en général et à être écologiquement durable* ».

Ceci explique que le patrimoine commun, en dehors des possibilités d'exploitation économique qu'il offre, est si porteur d'espoir. Les hommes n'y ayant qu'un droit d'usage, il aurait *« valeur d'éternité si l'histoire ne devait finir. »* Dès lors, le problème de la conservation de ce patrimoine, autant que celui de sa gestion que nous rencontrerons plus tard, prennent une importance toute particulière. Il reste alors la question de savoir qui est l'incarnation de l'humanité, titulaire de ce patrimoine ?

Section II. La représentation de l'humanité

Avec le problème du fond des mers, l'humanité est effectivement apparue comme un nouveau sujet du droit international. On lui a affecté un patrimoine. Il s'agit toutefois d'un sujet informel. Cette affectation est ainsi réalisée par le truchement de la Communauté des États, grâce à une internationalisation fonctionnelle au profit de tous les peuples.[6]

---

[6] (1) Toute la section 4 de la partie XI de la Convention de 82 est consacrée à cet important organe.

1. La communauté des États

Cette notion n'est pas nouvelle. C'est qu'elle a ici, un contenu propre et un rôle tout à fait singulier.

a. Contenu

On parlait de communauté des États, ou d'ailleurs de communauté internationale, en faisant référence à un système d'inter-relations ; où des rapports de domination entre ces mêmes États n'étaient guère exclus. Cette tendance existe toujours dans le droit international classique.

Cependant le droit international nouveau, sous la percée de l'humanité, devait complètement changer d'approche. Le concept d'humanité nécessite en effet une représentation dépassant le cadre de l'État.

La notion de communauté des États est ainsi devenue dans le mécanisme international des fonds marins, un symbole d'universalisme. Elle dépasse même le cadre des États Parties à la Convention, pour concerner tous les peuples. Le concept de communauté des États s'est sublimé dans celui d'humanité.

b. Rôle

Les peuples se répartissent en général entre les États qui sont des organes institutionnels. La communauté des États n'est donc en fait rien d'autre que l'incarnation de la notion d'humanité, du moins théoriquement. Car on connaît les difficultés

---

Nous y revenons pour beaucoup plus amples détails.

auxquelles la vision harmoniste du concept de patrimoine commun de l'humanité a été confrontée.

En effet, ce concept n'est pas gratuit. Il est porteur d'une idée nouvelle : la prise en considération de l'intérêt des pays en voie de développement.

Il s'agira alors pour la communauté des États de garantir dans l'exploitation des fonds marins internationaux, une sécurité à ces derniers. Les ressources provenant de cette exploitation seront affectées au bien commun des peuples en ayant particulièrement égard aux pays en voie de développement.

Pour cela, il y a eu internationalisation fonctionnelle.

2. L'internationalisme fonctionnel

L'humanité, sujet informel, a besoin d'être représentée par un dispositif fonctionnel. Il a été ainsi créé une Autorité internationale des fonds marins [(1)] dotée de pouvoirs d'exploitation.

a. L'autorité internationale

C'est l'organe par l'intermédiaire duquel les États Parties organisent les activités menées dans la zone. C'est donc une organisation internationale chargée de gérer la zone internationale et ses ressources.

Il y a eu à ce niveau une opposition fondamentale entre les pays industriels [(1)] et les pays en voie de développement. La discussion a d'abord porté sur la conception du rôle de l'Autorité internationale : contractuel, se bornant à la délivrance de permis pour les premiers, opérationnel, exploitant elle-même les ressources, pour les seconds.

L'opposition s'est faite plus vive quand on a abordé la question du pouvoir de l'autorité : ce pouvoir qui sous-tendrait son rôle.

Pour les pays industriels, soucieux de la garantie d'accès aux sites, l'Autorité ne devrait pas disposer d'un pouvoir discrétionnaire dans l'attribution ou le refus des licences d'exploitation.

Les pays en voie de développement, pour des raisons de sécurité juridique soutenaient le contraire.

b. Les pouvoirs d'exploitation

Nous n'évoquerons ici ces pouvoirs que très sommairement, tout juste pour montrer la fonction universaliste de l'Autorité. Nous les rencontrerons dans leur mise en œuvre au fil de nos développements.

Nous rencontrerons également des pouvoirs complémentaires à ceux-ci, permettant à l'Autorité de gérer mieux le patrimoine de l'humanité.

Disons tout d'abord que l'Autorité a la capacité juridique pour procéder à l'exploitation des fonds marins.

De ce fait, elle peut mener cette exploitation directement, comme c'est la règle. Elle peut aussi, soit conclure des contrats de service avec des sociétés privées, soit créer les entreprises communes avec des sociétés privées ou des États.

En attendant, la récente découverte de pétrole et de gaz dans les fonds marins au Sénégal a conduit à l'adoption de codes spécifiques (loi portant code pétrolier du 8 janvier 1998, loi N° 2019 -03 du 1er février 2019 portant code pétrolier, loi N° 2020-06 du 7 février 2020 portant code gazier).

Sur cette base, des contrats d'exploitation sont octroyés. À ce niveau, l'Initiative pour la Transparence dans les Industries Extractives du Sénégal (ITIE) lancée en 2002 par le Premier ministre britannique, Tony Blair, à laquelle le Sénégal a adhéré en 2013, apparaît comme une garantie.

Il s'agit d'une norme internationale visant à promouvoir la transparence et la bonne gouvernance dans les industries extractives, telles que le pétrole, le gaz et les mines.

En effet, l'ITIE Sénégal a pour objectif de renforcer la transparence dans la gestion des ressources naturelles du pays.

Elle lutte contre l'opacité du secteur des ressources naturelles par le biais de la gouvernance. Elle fait profiter les populations des retombées de l'exploitation desdites ressources.

L'idée de base reste donc le souci de soustraire l'exploitation des ressources sous-marines de l'emprise de quelques grands États, pour l'intérêt de l'humanité. Il est ainsi reconnu à cette dernière un véritable droit à vocation universelle.

CHAPITRE II

LA RECONNAISSANCE DU DROIT DE L'HUMANITÉ

Les sources habituelles du droit international sont : la coutume, les conventions internationales et les résolutions des organisations internationales.

Il n'y a pas encore de coutume établie [1] en matière de fonds marins. L'exploitation n'a même pas commencé. On peut tout au plus parler d'une pratique d'exploration unilatérale de la part de certains États développés. D'ailleurs, ces États ont depuis été reconnus comme *« investisseurs pionniers »*.

Il reste donc comme source du droit international nouveau issu du concept de patrimoine commun de l'humanité : les résolutions des Nations unies (Section I) et la Convention de 1982 sur le droit de la mer (Section II).

Section 1. Les résolutions des Nations Unies

L'ONU, en tant qu'Organisation internationale adopte des résolutions.

Le problème de l'exploitation des fonds marins étant lié à cette organisation, celle-ci devrait à ce sujet, prendre diverses résolutions dont on peut toujours discuter la valeur juridique.

1. Diversité des résolutions

En effet, depuis que l'ONU s'est intéressée à la question des fonds marins, elle a voté diverses résolutions. On peut même les situer dans deux phases chronologiques, en prenant comme repère 1970, qui de ce point de vue, reste comme nous allons le voir, une année décisive.

a. La première phase

Elle commence exactement en 1966. À cette date, le Conseil économique et social avait demandé au Secrétaire général de préparer une étude sur les ressources minérales et biologiques de la mer. À la suite de quoi une résolution sur les ressources de la mer avait été votée par l'Assemblée (A.G.2172 [XXI]) qui reprenait celle du Conseil.

En 1967, une résolution 2340 (XXII) du 18 décembre de la même année crée un comité spécial chargé d'étudier les utilisations pacifiques du lit des mers et des océans au-delà des limites des juridictions nationales.

Ceci n'était qu'un premier pas dans le processus de prise en compte de l'existence des richesses minérales océaniques par les Nations Unies. La résolution 2467 (XXIII) du 21 décembre 1968 allait marquer une étape importante : elle mettait en place le Comité du fond des mers. (1)[7]

[7] Ce Comité Ad Hoc devenait permanent et comptait 42 membres. (1) Il était appelé « Comité des utilisations pacifiques du fond des mers et des océans au-delà des limites de la juridiction nationale ».

Le 15 décembre 1969, la résolution 2574 (XXIV) venait préciser l'action de ce comité.

En 1970 s'est tenue la 25ème session de l'Assemblée générale des Nations Unies au cours de laquelle, des résolutions très importantes ont été adoptées. C'est la dernière phase de cette action résolutoire en faveur des fonds marins.

b. La dernière phase

Ces résolutions de 1970 avaient toutes pour titre : *« examen de la question de la réservation exclusive à des fins pacifiques du lit de la mer... »*

Tout d'abord le 7 décembre 1970, l'Assemblée approuvait le *« Traité interdisant de placer des armes nucléaires et d'autres armes de destruction massive sur le fond des mers et des océans ainsi que dans leur sous-sol ».* [1]

Le 17 décembre était adoptée la résolution 2749 (XXIV) : « Déclaration des principes régissant le fond des mers et des océans... »[2]

Elle rappelle toutes les résolutions précédentes énumérées et fixe les principes majeurs qui vont fonder le régime international des fonds marins.

Le même jour, la résolution 2750 (XXV) décidait la convocation d'une conférence sur le droit de la mer pour 1973.

(Il est communément appelé Comité du fond des mers) et était chargé d'étudier l'élaboration des principes juridiques susceptibles de favoriser la coopération internationale dans ce domaine.

(2) Il se compose aujourd'hui de 91 membres. Ses détracteurs parlent même de gigantisme.

Quelle est alors la valeur juridique de ces diverses résolutions, dont l'importance dans le processus d'internationalisation des fonds marins n'est plus à nier ?

2. Valeur juridique

Cela revient à s'interroger sur l'effet de ces résolutions à l'égard des États.

On peut dire qu'elles n'ont pas d'effet obligatoire. Toutefois, elles ne sont pas dépourvues de tout effet pratique.

a. La force non obligatoire

En principe ces résolutions ne créent aucune obligation à charge de leurs destinataires. Ce sont des déclarations qui proclament certains principes qu'il faudrait suivre. L'importante résolution 2749 [(1)] dite « *Déclaration...* » nous semble très significative à cet égard.

En effet elle se limite à indiquer un schéma pour bâtir un régime international s'appliquant à la zone et à ses ressources qui sont le patrimoine commun de l'humanité. On ne voit nulle part dans le texte prévu, la moindre sanction contre une éventuelle infraction à ses dispositions.

Ces résolutions ne sont donc pas des actes juridiques au sens strict du terme. L'acte juridique est une manifestation de volonté émanant d'un sujet de droit et ayant la force obligatoire.

Non obligatoires sur le plan juridique, ces résolutions n'en sont pas moins utiles.

b. Effet pratique

L'absence de force obligatoire de ces résolutions ne signifie pas qu'elles n'ont aucune portée. Elles sont votées par l'organisation universelle.

Leur impact politique est fondamental. Elles apparaissent comme des moyens de pression normative sur la communauté internationale.

Ainsi certaines résolutions, notamment déclaratoires de principes ont une valeur telle qu'elles obligent les États à s'abstenir de toute activité contraire à leur contenu, même si à leur caractère obligatoire manquent les mécanismes coercitifs ou la sanction nécessaire pour l'appuyer.

C'est un fait bien évident que ces résolutions possèdent une valeur hiérarchique particulière. Car elles expriment le consensus de la communauté internationale organisée sur les aspects fondamentaux du développement progressif du droit international.

De ce fait, leur valeur juridique n'est pas négligeable. Elles peuvent même constituer un préalable nécessaire à une codification du droit international. En l'occurrence, c'est ce qui s'est effectivement passé avec la Convention de 1982 sur le droit de la mer.

Section II. La convention de 1982

Elle est issue de la 3ème conférence des Nations Unies sur le droit de la mer. Cette conférence est marquée par sa longueur et ses ambitions.

Elle s'est ouverte à New York en 1973 et après de multiples sessions, s'est achevée en 1982 à Montego Bay (JAMAÏQUE).

Le 10 décembre de cette date, la Convention a été ouverte à signature [1]. Elle a eu pour ambition de modeler tout le droit de la mer.

Nous nous intéresserons ici particulièrement à son aspect de source du droit issu du concept de patrimoine de l'humanité.

De ce point de vue, il nous faut examiner dans un premier temps le régime général de cette Convention, pour finalement voir ses effets. [8]

1°. Le régime général

La Convention compte trois cent vingt articles répartis en dix-sept parties, plus neuf annexes.

Elle est caractérisée dans son ensemble par deux choses : ce qu'on a appelé la méthode du *« paquet »* et surtout l'originalité de la onzième Partie.

a. La méthode du « *Paquet* »

La 3ème conférence des Nations Unies sur le droit de la mer a abouti à une Convention globale. On a mis dans un même *« paquet »* toutes les questions concernant le droit de la mer. Cette conférence avait, en effet, pour mandat d'élaborer un texte unique qui devrait régir toutes les activités ayant trait à la mer.

D'où l'ampleur des problèmes et des intérêts mis en cause, qui a expliqué la lenteur des travaux.

---

[8] Voir en annexe 5 la liste des États signataires.

Ainsi, parlant de la longue et complexe négociation qui a abouti à cette convention, Monsieur Jean-Pierre QUENEUDEC l'a comparée à *« un théâtre où les scènes et les tableaux étaient si emmêlés et si divers que les acteurs eux-mêmes en arrivaient parfois à perdre la trame de la pièce qu'ils étaient censés jouer ».* (1)

Finalement s'est dégagée et cristallisée la volonté commune des États de définir un nouvel ordre juridique international pour les mers et les océans. On a alors abouti à un texte qui par certains aspects codifie la coutume ; mais dans une très large part, pose des règles entièrement nouvelles surtout dans la 11ème partie.

b. L'originalité de la 11éme partie

Cette partie regroupe les dispositions de la Convention concernant les fonds marins. Elle introduit ainsi dans le droit de la mer des normes novatrices devant répondre à l'idéologie du *« nouvel ordre international »*.[9]

2. Les effets

Ces effets s'analysent à travers le champ d'application et surtout la portée de cette Convention.

---

[9] In Introduction à « la Conférence des Nations Unies sur le Droit de la mer : Histoire d'une négociation Singulière », Jean-Pierre Levy ; Paris, Ed. PEDONE ; 1983, p. 14.

a. Le champ d'application

La Convention a une vocation universelle. Elle s'applique aux termes de son article premier, alinéa 2,2 à tous les États et à d'autres entités allant de la Namibie (non encore indépendante) aux organisations internationales, en passant par les États associés, qui deviennent Parties. [(2)]

Les « États Parties » sont donc ceux-là qui ont consenti à être liés par la Convention et à l'égard desquels elle est en vigueur (art. 1er, al. 2,1). Cette Convention n'est cependant pas toujours entrée en vigueur, faute de ratifications suffisantes [(1)].

Toutefois, certains qui tirent sans doute avantage de ce texte, sont allés même jusqu'à prétendre qu'il a créé du droit coutumier auquel on ne saurait échapper en ne ratifiant pas la Convention. D'autres, plus réalistes, entendent s'en tenir à la stricte observance de l'effet relatif des traités.

Ce débat revêt une particulière acuité pour la partie XI de ladite Convention, concernant la zone des fonds marins internationaux, en raison des législations nationales prises par les États-Unis, la République fédérale d'Allemagne, la France, l'Union Soviétique et le Japon, afin de donner un titre intérimaire d'exploration aux sociétés sous leur contrôle.

Il faut néanmoins souligner pour atténuer le débat, que les dispositions de la partie XI sont, pour la plupart, intimement liées à l'appareil institutionnel dont elles prévoient la mise en place et qu'aucun État ne saurait se voir contraint par la voie coutumière de se considérer comme étant entré à son insu dans une organisation internationale. A fortiori lorsque celle-ci, comme l'Autorité des fonds marins, est chargée d'une gestion économique de ressources naturelles et possède à cette fin des pouvoirs supranationaux.

Cette Convention demeure donc pour le moment inappliquée. De quoi s'interroger sur sa portée réelle.[10]

a. Portée

Pour être applicable, une Convention aussi universaliste devrait satisfaire tout le monde. Or, elle reste un étrange compromis entre les ambitions nationales et les aspirations à un ordre mondial plus équitable pour les pays en voie de développement.

Il semblerait que ce soit les dispositions concernant les grands fonds marins qui aient bloqué le reste du texte. En effet, La Convention a été adoptée alors que tous les problèmes technologiques de l'exploitation ne sont pas encore résolus et à une époque où la situation économique mondiale rend difficile toute prévision relative aux marchés des minéraux qui pourront être extraits des ressources de la Zone.

---

[10] (1) Selon l'article 308, 1er : « La Convention entre en vigueur douze mois après la date de dépôt du soixantième instrument de ratification ou d'adhésion. »

La Conférence chargée d'adopter cette Convention a été très longue, et les choses ont vite changé. Ce qui fait que la Convention est dépassée sur beaucoup de points avant même son entrée en vigueur. On retiendra néanmoins, la reconnaissance par cette Convention d'un nouveau sujet de droit international : l'humanité. Qui dit sujet de droit, parle alors forcément d'objet sur lequel porte ce droit. Qu'en est-il exactement de ce dernier aspect ?

TITRE 2

UNIVERSALISME ET OBJET DE DROIT

Le droit reconnu à l'humanité porte sur la Zone. Celle-ci est le patrimoine commun de l'humanité (Chapitre I). Ainsi la théorie du domaine public international peut constituer un fondement à ce droit sur la Zone (Chapitre II).

D'où son caractère universaliste.

CHAPITRE I

LA ZONE : PATRIMOINE COMMUN

La Zone, c'est l'objet du droit de l'humanité. En tant que telle, elle a un contenu juridique bien précis (Section I), même si sa délimitation demeure un peu plus complexe (Section II).

Section I. Contenu juridique de la Zone

Dans son article premier consacré à l'emploi des termes, la Convention des Nations Unies sur le droit de la mer définit la » *Zone* « comme "*les fonds marins et leur sous-sol au-delà des limites de la juridiction nationale*". Les eaux surjacentes sont donc exclues de cette Zone.

L'exploitation du pétrole et du gaz offshore, dont on parle, jouxte donc cette zone.

Le concept traditionnel de liberté de la haute mer se voit alors maintenu sur ces eaux.

Cela attise des conflits entre États aux Frontières Maritimes Contigües. De ce point de vue, le conflit entre le Sénégal et la Guinée-Bissau portant sur la délimitation de leur frontière maritime, principalement dans une zone riche en ressources halieutiques et potentiellement en hydrocarbures, n'est pas très loin !

En effet, le bloc de Sangomar est un champ pétrolier offshore situé au large du Sénégal, plus précisément dans le bassin sédimentaire sénégalais, près de la péninsule de Sangomar.

Ce bloc est connu pour ses réserves de pétrole et de gaz, et les activités d'exploration y ont suscité un intérêt majeur dans l'industrie pétrolière ces dernières années.

Quant à la Tortue Armeno-Mauritanienne ou plus précisément le projet Grand Tortue Ahmeyim (GTA), il s'agit d'un important projet gazier situé à la frontière maritime entre la Mauritanie et le Sénégal. Le champ gazier, découvert en 2015, est considéré comme l'un des plus grands d'Afrique de l'Ouest.

1. Le sol et le sous-sol marin au-delà de la juridiction nationale

C'est ce qui resterait des fonds marins non appropriés, et qui constitue la zone internationale. Car il y a eu un vaste mouvement d'extension de la juridiction nationale, sans parler de ce que Monsieur DUPUY appelle "*la mer matrimoniale*" *qui* vient encore plus réduire l'étendue de cette Zone.

a. L'extension des juridictions nationales

En contrepartie de l'acceptation de l'existence d'une zone internationale, les États côtiers ont établi une appropriation nationale croissante des espaces marins et de leurs ressources. On constate effectivement » *une tendance à l'accroissement de la surface des espaces maritimes traditionnellement soumis au principe de la souveraineté, comme les eaux territoriales dont l'étendue s'accroît, la règle ancienne des trois milles marins faisant place à des largeurs plus importantes »* [1].

Le différend entre le Sénégal et la Guinée-Bissau concernait le tracé des eaux territoriales et des zones économiques exclusives (ZEE).

En effet la multiplication des nouveaux États à partir de 1960, en opérant une diminution de l'espace international, ne pouvait manquer d'entraîner l'émergence d'autres enjeux nouveaux. C'est ainsi que la surface des océans et toutes les ressources du fond des mers sont actuellement des enjeux politiques, économiques et militaires, extrêmement importants de l'ordre international.

b. La mer matrimoniale

DUPUY dit que cette notion *« est caractérisée juridiquement par une propriété indivise entre les riverains, et économiquement par la constitution d'une agence, associée à des » joint-ventures et habilitée à exercer toutes les activités techniques, industrielles et commerciales relatives à l'exploration de la zone et à l'exploitation de ses ressources ».* [2]

Cette notion apparaît productive. On remarquera toutefois la différence nette avec l'idée de « patrimoine commun » qui ne fait pas d'exclusion, alors que celle de « mer matrimoniale » est destinée aux riverains d'une région donnée. L'auteur cite le cas typique de la mer des Caraïbes, riche en pétrole et en nodules de manganèse, entre autres ressources.

Que restera-t-il alors du patrimoine commun de l'humanité ? Sans compter que les eaux subjacentes sont de toute façon hors de la question.

2. Le maintien sur les eaux surjacentes du concept traditionnel de la liberté de la haute mer

Les eaux surjacentes ne font en effet pas partie du patrimoine commun de l'humanité. Pour comprendre cette situation, il faut étudier le concept de liberté des mers qui, lui-même, a influencé le régime de la haute mer déterminé par la Convention.

a. Le concept de liberté des mers

Ce concept découle de l'impossibilité d'occuper définitivement l'océan. Comme le commerce naval est devenu indispensable au développement des États, les nations ont accepté le fameux principe du libre commerce international sur mer.

La mer, d'une manière générale, est ouverte à la circulation des navires de tous les États sans distinction. Même les États qui n'ont pas de frontière maritime ont le droit d'utiliser la mer pour effectuer des transports sur des navires battant leur pavillon.

Il y a donc à travers ce concept de liberté des mers, une règle d'égalité posée par la condamnation des discriminations.

Seulement pour la majorité des pays en voie de développement, il s'agit d'une manière assez abstraite d'entendre l'égalité.

Du fait de l'écart qui les sépare des pays nantis, ces pays réclament une liberté économique. Il s'agira alors non seulement du droit physique de circuler, mais de la consécration d'une égalité de chance dans la compétition économique.

« La liberté, sur le plan national et international, constitue la manifestation la plus probante du progrès humain, mais prise isolément, elle n'a aucune valeur, elle doit faire partie d'un système. Elle doit être régie par la justice pour prendre une signification véritable et offrir des possibilités égales à tous ». (1)

Par exemple, la Cour internationale de Justice (CIJ) dans le conflit entre le Sénégal et la Guinée-Bissau a rendu un jugement en 1991 établissant une ligne de délimitation maritime. Cela veut dire que les deux pays peuvent gérer conjointement l'exploitation des ressources dans certaines zones.

Quoi qu'il en soit, on peut dire que le principe de la liberté des mers est nécessaire pour assurer le commerce mondial.

C'est aussi en fonction de ce principe de la liberté des mers que la Convention a bâti un régime de la haute mer.

b. Le régime de la haute mer

Il s'agit d'un régime de liberté.

En effet l'article 87 énonce le principe de la liberté de « *la haute mer ouverte à tous les États, qu'ils soient côtiers ou sans littoral* » (alinéa 1). Il énumère ensuite le contenu de cette liberté de haute mer (2) : liberté de navigation, liberté de pêche, liberté de poser des câbles sous-marins et autres installations, liberté de survol, liberté de recherche scientifique.

Notons enfin que « chaque État exerce ces libertés en tenant compte de l'intérêt que présente l'exercice de la liberté de la haute mer pour les autres États, ainsi que des droits reconnus par la Convention concernant les activités menées dans la Zone » (Alinéa 2).[11]

Voilà le schéma de la liberté de la haute mer. Une haute mer qui, par conséquent, n'est pas concernée par le droit de la Zone.

Il est alors nécessaire de délimiter cette Zone.

Section II. La délimitation de la Zone

Créer une zone internationale des fonds marins dotée d'un statut juridique particulier est quelque peu illusoire si l'on ne fait pas un effort pour la délimiter précisément.

Ce sont les limites assignées à l'étendue des juridictions nationales qui détermineront les limites externes de la Zone.

---

[11] Déclaration de Monsieur GALINDO POHL (El Salvador) à la 63ème séance du Comité. 5 août 1971. A/AC. 138/ SR 63 p33. Le principe fondamental de 1958, c'est la liberté des mers. On trouve la liberté de navigation, la liberté de pêche, le droit de poser des câbles et oléoducs, de survol, dans la Convention sur la conservation des ressources biologiques de la haute mer en date à GENEVE du 29 avril 1958.
La Convention de 1982 va donc reprendre les mêmes dispositions et ajouter la liberté de construire des installations acceptées par le droit international et la possibilité de faire des recherches scientifiques.

Ces limites externes s'exercent soit dans le cadre de la zone économique exclusive, soit dans celui du plateau continental.

1. La zone économique exclusive

Le concept de Z.E.E. est le résultat de l'évolution des revendications étatiques sur les espaces marins. De ce fait son fondement juridique ne manquera pas de poser problème.

a. La genèse du concept

NJENGA, délégué du KENYA à la Conférence Afro-Asiatique de LAGOS de juin 1972 énonça l'idée d'un *« droit exclusif sur toutes les ressources de la mer à 188 milles au-delà de la mer territoriale »*.

Cela va faire tache d'huile chez les pays en voie de développement.

Ce qui va sous-tendre en fait cette idée, c'est la notion de mal développement. En effet le Tiers-Monde depuis BANDOUNG (1) a pris conscience de sa force politique. En 1972, à Alger, il va prendre conscience de sa force économique. Il n'a pas la majorité des ressources minérales, mais des ressources facilement accessibles.[12]

On assistait alors à la naissance de réactions nouvelles. On ne cherchera plus à étendre la souveraineté de l'État. On va s'attacher au statut juridique des ressources de l'océan. L'État n'a plus besoin d'être expansionniste avec tous les

[12] (1) Il s'agit de Conférences des non-alignés. La première s'est tenue à BANDOUNG en 1955.

inconvénients politiques et économiques que cela suppose. Il lui faut le moyen de trouver l'usage exclusif et la juridiction exclusive sur les ressources convoitées au large de ses côtes. D'où la notion de zone économique exclusive.

S'agira-t-il d'un droit patrimonial, les ressources adjacentes faisant en quelque sorte partie du patrimoine de l'État riverain ?

b. Fondement juridique

La Z.E.E. est une zone qui, à partir de la mer territoriale, ne s'étendra pas au-delà de 200 milles (1) des lignes de base. Dans cette zone, l'État riverain exercera une « souveraineté permanente » sur toutes les ressources biologiques ou minérales. Il gèrera toutefois cette zone sans porter atteinte aux autres utilisations légitimes de la mer. Il s'agit d'une zone de droits finalisés.

Pour Le KENYA, la raison d'être de la Z.E.E. est la sauvegarde de l'intérêt économique du riverain. NJENGA parle de « Zone nationale de souveraineté à intérêt économique où l'État jouit de la souveraineté sur les ressources et y aura juridiction exclusive ». (2) [13]

---

[13] (1) Il faut préciser que le principe des « 200 milles » a vu le jour en AMERIQUE LATINE. Le CHILI ayant remarqué, à 199 milles de ses côtes la présence d'un upwelling (une remontée de courants froids riches en matières nutritives, et donc attirants pour le poisson) ce pays proclame unilatéralement, en 1951, sa souveraineté économique sur toute la portion de mer entre ses côtes et l'upwelling. L'année suivante (18 août 1952), avec l'Equateur et le Pérou, ils adopteraient ce qui restera dans 1 « histoire des océans comme la » *déclaration de SANTIAGO* », arrondissant au passage la Zone protégée à 200 milles.
(2) NJENGA, op. cit.

La notion de Z.E.E. sera admise par le juge NERVO lors de son opinion dissidente dans l'arrêt de la Cour Internationale de Justice sur l'affaire des pêcheries islandaises.

La Convention de 1982 à son tour, consacre la notion dans sa partie V.

Cependant certains voient dans l'acceptation de la notion de Z.E.E. un élément de disposition par l'État riverain de la haute mer. Ceci, disent-ils, est contraire à la liberté de haute mer.

Au contraire, nous pensons qu'il existe maintenant des limites sûres, acceptées par les États. La notion de haute mer est mieux protégée.

Un autre principe d'extension exclusive des États au-delà de la mer territoriale fut fourni par l'existence du plateau continental.

2. Le plateau continental

C'est la proclamation TRUMAN (voir annexe 2) qui a fait connaître la notion au monde. Il s'agit du pré-continent. On constate que sur toutes les mers du globe, il y a un socle continental qui est le prolongement de ce continent sur la mer.

Ce socle est une création quaternaire due à la transgression marine. La fonte des glaces a fait augmenter la mer qui a envahi l'ancien rivage.

Le plateau continental présente un intérêt considérable pour l'exploitation de la mer.

Or, les limites extérieures de la mer territoriale ne coïncident pas en général avec la *« plateforme continentale »*. [(1)14]

Dans cette rapide étude, nous porterons donc notre attention plus particulièrement sur ce qui touche ce problème de la délimitation, laissant de côté de nombreux aspects de la notion de plateau continental dont l'examen déborderait le cadre du sujet.

Il nous faudra examiner les critères de délimitation proposés par la Convention de 1982, et la commission des limites du plateau continental qu'elle institue.

a. Les critères de 1982

L'article 76 de la Convention de 1982 donne deux catégories de critères.

– Première catégorie : est considéré comme plateau continental le sol et le sous-sol au-delà de la mer territoriale sur toute l'étendue du prolongement naturel du territoire terrestre du riverain jusqu'au rebord de la marge continentale ou jusqu'à 200 milles des lignes de base si le rebord de la marge est à une distance inférieure.

On est en face d'un bloc de compétence, ce qui simplifie le contentieux. Toutefois, la question de la preuve du « prolongement naturel » risque de se poser.

---

[14] (1) L'espagnol DE BUEN en 1916 (Congrès de la Pêche de MADRID) propose d'incorporer à la mer territoriale une zone marine qu'il appela plateforme continentale,» propice au développement des espèces communes et constitue un lieu de pêche privilégié ».
C'est Léon José SUAREZ qui, reprenant ces idées en 1918, donne à cette zone le nom de plateau continental.

– Deuxième catégorie : si le rebord de la marge va au-delà de 200 milles des lignes de base, la délimitation se fait par deux critères :

Soit l'épaisseur de la couche sédimentaire représente au moins 1 % de la distance entre le point considéré et le pied du talus, s'il est difficile de déterminer ce 1 %, soit 60 milles au maximum du pied du talus, en tout état de cause il y a un buttoir, 350 milles des lignes de base. Possibilité encore de déterminer l'isobathe de 2.500 milles, avec un buttoir aussi : 100 milles de cette isobathe.

L'État côtier communique des informations sur les limites de son plateau continental, lorsque celui-ci s'étend au-delà de 200 milles marins des lignes de base, à la commission des limites au plateau continental constituée en vertu de l'annexe II de la Convention.

b. La commission des limites du plateau continental

Cette commission a été créée en application de l'article 76 de la Convention. Elle est constituée sur la base d'une représentation géographique équitable. (1)

« *L'État côtier qui se propose de fixer, en application de l'article 26, la limite extérieure de son plateau continental au-delà de 200 milles marins, soumet à la Commission les caractéristiques de cette limite, avec données scientifiques et techniques à l'appui...* » (Article 4 de l'annexe II).

La Commission examine alors ces données et émet des avis scientifiques et techniques qui n'ont que valeur de recommandation.

On sent tout de même à travers ces critères de 1982 et l'institution de la Commission un pressant souci d'universalisme pour que le plateau continental, et partant la Zone, soit enfin doté de limites acceptables pour tous. Car la Convention de 1958 sur le plateau continental avait laissé la question ouverte ; le critère de l'exploitabilité autorisait théoriquement toutes les appropriations nationales des fonds marins en fonction des progrès de la technologie.

C'est également de ce caractère universaliste que résultera le fondement du droit sur la Zone, auquel les développements qui suivent seront consacrés.[15]

---

[15] (1) Pour la composition et l'élection des membres de la Commission, voir l'article 2 de l'annexe II.

CHAPITRE II

LE FONDEMENT DU DROIT SUR LA ZONE : LA THÉORIE DU DOMAINE PUBLIC INTERNATIONAL

Cette théorie pourrait fonder le droit sur la Zone. Son point de départ est la constatation que dans toute société organisée, certains biens doivent être soustraits à l'appropriation privée pour être laissés à l'usage commun.

D'où la convergence de la théorie avec le concept de patrimoine commun (Section I.), malgré ses insuffisances et ses imperfections (Section II).

Section I. La convergence de la théorie avec le concept de patrimoine commun

La théorie du domaine public international présente un très grand intérêt. À certains égards, on peut la considérer comme précurseur du concept de « *patrimoine commun de l'humanité* », non seulement à cause des espaces qu'elle recouvre, mais aussi pour un grand nombre de traits communs dans la construction conceptuelle.

En effet, il y a une non-appropriation des ressources de la Zone qui sont affectées à une finalité économique, ce qui répond aux exigences de la théorie du domaine public international.

1. La non-appropriation des ressources de la Zone

C'est l'idée de ne pas exercer des droits de souveraineté, ainsi que celle de s'abstenir de toute réclamation ou de l'exercice de tout droit, titre ou intérêt qui ne soit expressément et internationalement reconnu.

Cette non-appropriation ne signifie donc pas l'absence de toute domination, mais la nécessité internationale impose un statut particulier.

a. La nécessité internationale

Les ressources de la Zone sont nécessaires au développement global, à la satisfaction des besoins jugés essentiels de la Communauté internationale. C'est pourquoi cette zone internationale a été soustraite aux souverainetés étatiques.

De ce fait, seul un modèle universellement acceptable pourrait permettre cette exclusion.

Il devrait permettre d'établir une véritable coopération inter-étatique qui «*favorise la satisfaction des besoins de l'humanité et réciproquement, le développement économique et social de l'humanité permet et favorise la coopération entre États.*» [(1)]

Il devrait ainsi faire apparaître des rapports juridiques assez spécifiques, par un statut particulier.

b. Un statut particulier

Un modèle universaliste doit normalement être inscrit dans la tradition du droit international. Ceci devrait donc s'appliquer au modèle d'exploitation du fond des mers qui d'ailleurs fait apparaître des rapports juridiques très denses entre les États à travers l'internationalisation qu'il propose.

Toutefois la notion de patrimoine commun de l'humanité contient une idéologie nouvelle qui devrait orienter le mécanisme international vers un statut tout à fait particulier.

Le droit applicable au fond des mers aura un caractère inégalitaire. Une inégalité voulue par la nécessité internationale, qui a par conséquent valeur de règle universelle.

Il résulte de ce qui précède que ce statut particulier est le résultat d'une affectation à finalité économique précise.[16]

2. L'affectation à une finalité économique précise

Il y a une affectation des ressources de la Zone à l'humanité tout entière, et en particulier aux pays en voie de développement. Voilà l'inégalité, la faveur évoquée tantôt.

Cette affectation est alors la consécration pratique du droit au développement. Le mécanisme international va ainsi promouvoir un développement

---

[16] A. PIQUEMAL, op. cit. p. 123.

que le concept de patrimoine commun a sensiblement transformé.

a. La consécration pratique du droit au développement

Monsieur PIQUEMAL rapporte qu'« *il a été souvent soutenu depuis quelques années que "l'aide au développement" avait fait place à un "droit au développement* ». (1)

En effet les États du Tiers-monde au fur et à mesure de leur influence au sein des Nations Unies se sont attachés à utiliser cette organisation comme un instrument devant faciliter leurs revendications.

Ainsi, ces États ont réussi à obtenir une augmentation de l'aide au sein du système économique mondial.

L'auteur poursuit aussitôt en disant que : « cette transformation a une valeur avant tout symbolique puisqu'elle repose sur le bon vouloir d'États toujours susceptibles d'atténuation, selon des considérations nationales ou internationales. » (2) ce qui est plus vrai encore.

C'est pourquoi il faudra attendre la mise en place du mécanisme international pour voir la consécration effective du droit au développement grâce à une promotion du développement assez originale.[17]

---

[17] A. PIQUEMAL, op. cit. P. 113. Op. cit. ci-dessus.

b. La promotion du développement

L'originalité de cette promotion du développement réside dans le fait que l'exploitation des ressources de la Zone devrait dégager d'énormes profits monétaires qui seront distribués par l'Autorité internationale à l'humanité tout entière, en tenant particulièrement compte des intérêts des pays en voie de développement.

C'est justement cette faveur octroyée à ces derniers qui rend bien compte de la transformation de la promotion du développement par le concept de patrimoine commun de l'humanité. Il s'agira désormais d'aider efficacement les pays en voie de développement à rattraper leur retard par rapport aux pays nantis, pour arriver à un développement global.

Que reste-t-il alors de la convergence de la théorie du domaine public international avec le concept de patrimoine commun ?

En réalité, cette théorie, du fait de certaines insuffisances et imperfections, n'a pas réussi à prendre entièrement en charge un concept aussi original que celui de patrimoine commun de l'humanité.

Section II. Insuffisances et imperfections de la théorie

En effet, par rapport au concept de patrimoine commun de l'humanité, certaines insuffisances et imperfections sont attachées à la théorie du domaine public international.

1. Insuffisances

On peut noter deux insuffisances majeures : la théorie n'insiste pas sur le principe du dédoublement fonctionnel ; et sa nature universaliste pose problème.

a. L'omission du principe de dédoublement fonctionnel

Ce principe est fondé sur une hiérarchie des ordres juridiques avec la primauté du droit international.

On peut dire que la théorie du patrimoine commun de l'humanité en tient compte. Car elle donne primauté pour l'exploitation des fonds marins, à un droit international à finalité économique et sociale sous l'égide de l'Autorité, sur les législations des États ayant des entreprises exploitantes. L'État, exploitant agissant simultanément pour défendre ses propres intérêts et ceux de la communauté internationale, apparaîtra comme État et comme délégué de « l'humanité ».

Cela n'est pas le cas pour la théorie du domaine public international. Celle-ci ne semble faire cas que de l'application exclusive du droit international classique. Elle n'envisage pas la place secondaire qui revient aux législations des États, dans la hiérarchie des ordres juridiques. Ce fait est d'autant plus une lacune que le droit international reçoit son application grâce à ces législations internes.

C'est cela le sens même du principe du dédoublement fonctionnel.

C'est sans doute à cause de cette lacune que la nature universaliste de la théorie du domaine public international pose problème.

b. Une nature peu universaliste

La théorie du domaine public international est une catégorie juridique pouvant servir de fondement à l'internationalisation d'un espace comme celui des fonds marins.

Seulement contrairement à celle de patrimoine commun de l'humanité, aucune résolution des Nations Unies ou une Convention ne l'a encore consacrée comme telle. Ce qui fait que sa nature universaliste est incomplète.

À cet égard, la question qui vient automatiquement à l'esprit est celle de savoir, pourquoi ces textes internationaux lui ont alors préféré la théorie du patrimoine commun de l'humanité ?

La réponse risque d'être aussi automatique : c'est à cause des imperfections qu'elle recèle.

2. Imperfections

Ces imperfections sont également de deux ordres : la théorie du domaine public international semble souffrir d'un «*péché originel*», et elle est en désuétude.

a. Le «*péché originel*»

Il semble que le «*domaine public international*» soit une idée trop liée à un certain type d'ordre juridique interne dont le modèle est sans doute le droit public français, pour être universellement adopté. La notion de domaine public trouve en effet son origine en droit interne français où elle joue encore un rôle important.

Celle de domaine public international semble d'ailleurs, elle, être tombée en désuétude.

b. Une notion en désuétude

Aujourd'hui, effectivement, on ne parle plus tellement au niveau du droit international, de la notion de domaine public international. C'est le nouveau concept de patrimoine commun de l'humanité qui est le plus usité. Celui-ci a engendré toute une théorie qui constitue une traduction juridique du nouvel ordre économique international. Ce nouvel ordre économique international dont l'instauration reste l'ultime espoir des pays en voie de développement, pour rattraper leur retard.

Ce concept de patrimoine commun de l'humanité tend à être universellement accepté. Cependant la question n'est pas si simple.

Ainsi, de nombreux obstacles apparaissent dès qu'il s'agit de concrétiser ce concept et de mettre en place les structures chargées de gérer la zone.

DEUXIÈME PARTIE

II. LA DYNAMIQUE INSTITUTIONNELLE : UN RÉGIME UNIVERSALISTE

Le concept de patrimoine commun de l'humanité n'a de sens que s'il conduit au développement des pays pauvres par une participation effective de ces pays à sa gestion et aux bénéfices réalisés.

Le but de la création d'un régime universaliste des fonds marins est ainsi la gestion par ce dernier de la zone internationale et de ses ressources.

L'examen de ce régime constitue le deuxième volet de notre sujet. Il ne se sépare pas de l'analyse du concept de patrimoine commun. Il en est plutôt l'aspect dynamique.

Dès lors l'universalisme se constate aussi bien au niveau des principes (Titre [) que dans l'application du régime (Titre II).

TITRE I

L'UNIVERSALISME AU NIVEAU DES PRINCIPES DU RÉGIME

Le régime établi par la Convention s'appuie sur un ensemble de principes de base qui ont pour objet de préciser son champ d'application qui se veut universel, et les relations principales du système.

On peut les diviser en deux catégories : les principes fondamentaux (Chapitre I) et les principes relationnels (Chapitre II).

CHAPITRE I

LES PRINCIPES FONDAMENTAUX

Ils guident l'action du régime fondée sur l'existence d'une Zone du fond des mers et des océans ainsi que leur sous-sol, qui est située au-delà des limites de la juridiction nationale.

Cette zone devrait être utilisée exclusivement à des fins pacifiques (Section I), et ses ressources exploitées dans l'intérêt de l'humanité (Section II).

Ce sont là les principes fondamentaux du régime que nous examinerons successivement.

Section I. La réserve exclusive à des fins pacifiques

Nous avons déjà montré comment, dès 1970, les résolutions de l'O.N.U. prenaient en compte ce fameux principe.

Rappelons simplement que les diverses résolutions intéressant la question des fonds marins votées lors de la 25ème session de l'Assemblée générale (1), avaient toutes pour titre :

« Examen de la question de la réservation, exclusivement à des fins pacifiques, du lit de la mer… »

Dix ans plus tard, le problème se révélait beaucoup plus urgent. En effet l'installation d'armes nucléaires ou de destruction massive sur le fond des mers était devenue un enjeu stratégique de taille.

Elle donne une protection plus efficace que dans les silos terrestres, une détection réduite par satellites, entre autres avantages.[18]

À tel point qu'à la 33ème séance du Comité du fond des mers, Monsieur ENGO (Cameroun) déclarait : « *la principale considération devrait être la paix plutôt que le développement…* » (1)

Cette citation trouve ici toute sa mesure. Car le patrimoine commun de l'humanité intègre un large perspectif de paix mondiale. Ce qui est en parfait accord avec le droit international classique.

Il y a ainsi une référence aux principes de la charte des Nations Unies et autres règles de droit international. Il y a surtout une relation avec l'ensemble des règles internationales en matière de désarmement.

1. La référence aux principes de la charte des Nations Unies et autres règles de droit international

Les buts et les principes des Nations Unies peuvent se résumer en deux mots : maintenir la Paix et la Sécurité dans le monde.

Ce sont des principes du droit international général.

---

[18] (1) Cette session s'est tenue en décembre 1970. C'est d'ailleurs à son issue qu'a été convoquée la 3ème Conférence sur le droit de la mer.

À côté de ceux-là, il y a des règles de droit international qui sont le résultat d'un accord de volonté de la part des États, et ayant la force obligatoire. Ces règles s'inspirant toujours des principes de l'organisation universelle, les deux sont liées.

Les États Parties à la Convention affirment d'ailleurs que : » *Les questions qui ne sont pas réglementées par la Convention continueront d'être régies par les règles et principes du droit international général.* « (2)[19]

La référence aux principes de la Charte des Nations Unies et autres règles de droit international est donc exacte.

a. La référence aux principes de la Charte des Nations Unies

Cette référence s'inscrit dans la logique même du problème.

D'abord c'est l'O.N.U. qui a commencé par déclarer solennellement : *"la zone du fond des mers et des océans, ainsi que leur sous-sol au-delà des limites de la juridiction nationale et les ressources de cette Zone sont le patrimoine commun de l'humanité et que l'exploration et l'exploitation de la Zone se feront dans l'intérêt de l'humanité tout entière, indépendamment de la situation géographique des États."* (1).

Ensuite la Convention est élaborée sous l'égide de cette Organisation. Comment dans ce cas, pouvait-on ne pas tenir compte des principes de sa Charte ?

---

[19] 10 août 1970. Doc. A/AC. 138/SR - 33. p. 50.
voir le préambule de la Convention de 1982 sur le droit de la mer.

Sans compter que les règles de droit international auxquelles la Convention fait aussi référence, s'inspirent nécessairement de ces principes, comme nous l'avons déjà expliqué.

b. La référence aux règles de droit international

Le droit international nouveau issu du concept de patrimoine commun de l'humanité, ne constitue pas une rupture par rapport à l'ancien. Il contribue plutôt à son développement progressif.

De surcroît, si la Convention a une vocation universelle, elle n'a pas pour autant l'ambition de réglementer tout le droit international. Il s'agit bien d'une Convention sur le droit de la mer.[20]

Les questions qui ne sont donc pas réglementées par la Convention continueront d'être régies par les règles du droit international général.

Parmi ces règles du droit international, il y a naturellement celles relatives à la Paix.

Il faut dire que la théorie de patrimoine commun de l'humanité envisage des règles de paix, à travers l'idée de réserve exclusive des fonds marins à des fins pacifiques. On ne comprendrait toutefois pas qu'une contribution au développement progressif du droit international ne permette pas l'application éventuelle d'autres règles pour renforcer cette paix.

---

[20] (1) Cette déclaration est contenue dans la résolution 2749 (XXV) du 17 décembre 1970, sur laquelle nous avons déjà assez longuement insisté.

Il y a d'ailleurs une relation de cette théorie avec l'ensemble des règles internationales en matière de désarmement.

2. La relation avec l'ensemble des règles en matière de désarmement

Il s'agit d'une relation de fond. En effet, l'ensemble des règles en matière de désarmement prévoit le principe dit de la réserve exclusive à des fins pacifiques.

Nous évoquerons deux traités qui à ce sujet, nous semblent les plus significatifs : le Traité de Moscou, du 5 août 1963 portant interdiction partielle des essais nucléaires, et celui du 11 février 1971.

Précisons au préalable que nous entendons le désarmement au sens large, c'est-à-dire comprenant aussi bien le désarmement au sens restreint que la prévention de l'armement. Car il y a à ce niveau une polémique dans laquelle nous ne voulons pas entrer.[21]

a. Le Traité de Moscou

Ce traité interdit les essais nucléaires dans l'atmosphère, dans l'espace extra-atmosphérique, sous l'eau et » *dans tout autre milieu si une telle explosion provoque la chute de déchets radioactifs en dehors des limites territoriales de l'État sous la juridiction ou le contrôle duquel a été effectuée l'explosion.* «

---

[21] (1) Le Traité de Moscou a été signé le 5 août 1963 par les États-Unis, Le Royaume-Uni et l'U.R.S.S. (gouvernements dépositaires). Il est entré en vigueur le 10 octobre 1963 et cent six autres États ont adhéré à ses dispositions, mais deux puissances nucléaires ne sont pas du nombre (France et Chine).

Il comporte donc une limitation des essais nucléaires qui s'attache au lieu dans lequel se déroulent les explosions expérimentales. Ce lieu peut être le fond des mers, patrimoine commun de l'humanité : "*... sous l'eau...*"

Celui-ci doit justement être utilisé exclusivement à des fins pacifiques. L'article 138 de la Convention de Montego Bay est de ce point de vue assez net : "*Dans leur conduite générale concernant la Zone, les États se conforment à la présente partie, aux principes énoncés dans la Charte des Nations Unies et aux autres règles du droit international, avec le souci de maintenir la paix et la sécurité et de promouvoir la coopération internationale et la compréhension mutuelle.*"

D'où une concordance entre ce Traité et la théorie du patrimoine commun.

Le Traité signé le 11 février 1971 s'inscrit aussi parfaitement dans cette optique.

b. Le Traité du 11 février 1971

Il est interdit de placer des armes nucléaires et d'autres armes de destruction massive sur le fond des mers et des océans, ainsi que dans leur sous-sol au-delà de 12 milles des côtes.

La relation de ce texte avec la théorie du patrimoine commun nous apparaît encore plus exacte. Le lieu est ici précisément ce qu'on a dénommé la Zone.

L'article 141 de la Convention précitée nous dit explicitement :

"*La Zone est ouverte à l'utilisation à des fins exclusivement pacifiques par tous les États, qu'il s'agisse d'États côtiers ou sans littoral, sans discrimination et sans préjudice des autres dispositions de la présente partie.*"

On est véritablement en face d'un droit de la paix sur cette Zone. Le patrimoine commun de l'humanité ouvre ainsi une perspective de paix.

Toutefois, la possibilité de développement qu'il offre ne doit pas pour autant être négligée. Il y a d'ailleurs une liaison dialectique entre le droit de la paix et le droit du développement.

Monsieur DUPUY parle justement à ce titre de : "*la paix sans laquelle le développement est impossible ; le développement sans lequel la paix est violence.*" (1)

Ce développement passe par l'exploitation des ressources de la Zone dans l'intérêt de l'humanité.

Section II. L'exploitation des ressources dans l'intérêt de l'humanité

L'idée de base, c'est de mettre en place un ordre économique international juste et équitable. En d'autres termes, il faut réduire les inégalités économiques existantes, et en conséquence, la situation de dépendance des pays les plus défavorisés.[22]

Pour ce faire il faut inévitablement une gestion internationale des ressources de la Zone. Tant et si bien que ces ressources soient au préalable perçues globalement.

---

[22] (1) in : " La Convention sur le droit de la mer et le nouvel ordre économique international ; Propos sur le nouveau droit de la mer ". (Colloque) ; A.D.I. ; Ed. A. PEDONE. pp. 111 - 118.

1. La globalisation de la perception des ressources

Cela signifie que les ressources de ce patrimoine ne doivent pas être épuisées au profit d'une seule génération. L'humanité n'est-elle pas un concept trans-temporel ?

Ce principe international renvoie, au plan interne, à notre droit positif national (article 25 de la constitution du Sénégal).

Il faut donc une protection de l'environnement marin pour atteindre cet objectif de la globalisation des ressources. L'espace océanique forme un tout indissociable.

Cette protection de l'environnement nécessite des mesures contre toute action ayant un effet nocif sur le milieu marin.

La pollution pouvant résulter des activités sur le fond des mers ne fait pas exception à cette règle.

a. La pollution pouvant résulter des activités sur le fond des mers

Les activités menées dans la Zone pourraient avoir des effets nocifs sur le milieu marin. Il est évident que l'exclusion de toute pollution sous-marine au cours de l'exploitation des nodules polymétalliques est impossible à réaliser.

Par exemple, la recherche de gisements minéraux nécessite souvent l'utilisation d'explosifs pour la prospection, ce qui est une atteinte à la pêche. De même, l'emploi de produits chimiques pour l'enrichissement des minéraux en mer constitue un risque important de pollution des eaux, l'exploitation par dragage impliquant une pénétration dans le sous-sol peut affecter les liaisons par câbles, etc.

C'est là où le Sénégal devra particulièrement être vigilant, dans le cadre de l'exploitation du pétrole et du gaz en mer, malgré les appétits pressants suscités. Il faudra une surveillance accrue par des techniciens de l'environnement. Surtout au niveau du bloc offshore de Saint-Louis qui revêt une importance stratégique pour le Sénégal, relativement aux impacts environnementaux, notamment sur la biodiversité marine. À ce niveau, la mise en œuvre de mesures durables est essentielle.

D'autant plus que les navires pétroliers peuvent subir des abordages en haute mer, causant une "*marée noire*", comme dans l'affaire du navire super pétrolier battant pavillon libérien "Amoco Cadiz", appartenant à la Compagnie américaine Amoco Transport Corporation. Le 16 mars 1978, il a fait naufrage au large des côtes bretonnes, en France, près du Port de Portsall, à la suite d'une avarie de gouvernail, provoquant une échappée massive de pétrole.

Parfois même, certains capitaines peu scrupuleux de ces bâtiments de mer n'hésitent pas à vider en mer les résidus d'hydrocarbures de leur réservoir, après déchargement du pétrole à bon port, créant une pollution marine extraordinaire, au détriment de nos ressources halieutiques.

À quoi sert l'exploitation des ressources des fonds marins, si tout l'équilibre écologique est rompu. D'ailleurs, l'utilité des autres ressources qu'elle risquerait dans ce cas de détruire est pour l'instant plus certaine.

Les ressources vivantes des océans représentent l'instrument privilégié de lutte contre la faim pour les pays en voie de développement souvent tributaires d'un seul produit (monoculture) ou de conditions climatiques défavorables (sécheresse).

C'est pourquoi il est prévu dans le régime international des mesures de protection.

b. Les mesures de protection

Ces mesures doivent être prises, comme on pouvait l'imaginer, conformément à la Convention par l'Autorité.

Elles visent notamment à :

- *"prévenir, réduire et maîtriser la pollution du milieu marin, y compris le littoral, et faire face aux autres risques qui le menacent, ainsi qu'à toute perturbation de l'équilibre écologique du milieu marin, en accordant une attention particulière à la nécessité de protéger celui-ci des effets nocifs d'activités telles que les forages, dragages, excavations, l'élimination de déchets, la construction, l'exploitation, ou l'entretien d'installations, de pipelines et d'autres engins utilisés pour ces activités ;*

—" protéger et conserver les ressources naturelles de la Zone et prévenir les dommages à la flore et à la faune marine. " (Article 145)

Ces mesures apparaissent comme des indications assez générales. Peut-être parce que la concurrence de compétences entre l'État côtier, l'État du pavillon, ou l'État du port, devrait être moins vive en matière de pollution résultant d'activités relatives aux fonds marins. Dans ce cas, la responsabilité principale appartient à l'Autorité internationale.

Seulement, pour se prononcer sur la valeur réelle de telles mesures, il faudrait attendre que l'on soit en pleine exploitation.

On peut tout de même d'ores et déjà dire que ces mesures qui nous semblent assez appropriées sont nécessaires à la bonne gestion des ressources de la Zone.

2. La gestion internationale

Si le régime international doit assurer la protection des ressources de la Zone, il doit aussi les gérer d'une manière équitable au profit de l'humanité tout entière.

Cette gestion internationale instaure donc un régime de «*propriété commune*», et se veut par conséquent prospective.

a. Le régime de «*propriété commune*»

«*La Zone et ses ressources sont le patrimoine commun de l'humanité*» (Article 136).

Cela correspond à un désir de combler un vide juridique. Traditionnellement le fond des mers et des océans était considéré comme une « res nullius », c'est-à-dire une chose n'appartenant à personne. Ce qui justifiait la crainte des pays en voie de développement de voir les pays technologiquement avancés accaparer ces ressources marines.

On va instaurer un régime de « *propriété commune* ». Les ressources de la Zone appartiendraient désormais à l'humanité tout entière. Leur exploitation sera ainsi assurée au profit de tous les peuples. L'article 140 que nous avons maintes fois cité, est de ce point de vue assez édifiant.

On débouche alors forcément sur une approche globale du développement. On devrait d'ailleurs atteindre un niveau très perfectionné d'une intégration mondiale par cette internationalisation fonctionnelle dont on parlait tantôt. L'humanité répond en effet à une notion globale dans l'espace et dans le temps.

La poursuite globale du développement fait appel à la notion de gestion prospective.

b. La gestion prospective

Il s'agit d'une gestion économique qui, pour être rationnelle, doit s'inscrire dans une perspective à long terme. Ceci implique notamment que les générations présentes soient comptables de la conservation des ressources de la zone à l'égard des générations futures et en assurent l'exploitation dans des conditions qui seront profitables également à celle-ci.

Cette forme de gestion nécessite aussi une distribution de ces ressources de manière « *à favoriser un sain développement de l'économie mondiale et une croissance équilibrée du commerce international et à réduire au minimum toutes conséquences économiques défavorables des fluctuations de prix des matières premières.* »

Cet objectif devrait normalement être atteint grâce à un ensemble de principes relationnels.

CHAPITRE II

LES PRINCIPES RELATIONNELS

Ce sont des principes qui introduisent une relation entre les divers éléments du régime. Cette relation fait que le régime international est un système d'ensemble doté de cohérence et de lois de fonctionnement.

Elle se manifeste comme nous allons le constater, suivant une double dimension : organique (Section I) et matérielle (Section II).

Section I. La dimension organique

Du moment que ce régime réglait l'organisation internationale d'une activité économique, il devait nécessairement se fonder sur une forme de contrôle international qui rende possible la projection du principe de l'intérêt public. C'est pourquoi a été créée l'Autorité internationale des fonds marins [1] dotée de pouvoirs nécessaires visant cette finalité spécifique.

1. L'intérêt public international

Le développement global fondé sur une distribution équitable des ressources de la Zone suppose une prise en compte de l'intérêt public international. Cela veut dire que le régime international doit aussi conduire à un développement harmonieux. On touche ici un problème auquel risquent de se heurter les États en développement producteurs terrestres qui sont susceptibles d'être les plus affectés par la production de minerais provenant du fond des mers.[23]

En d'autres termes, l'exploitation du patrimoine commun ne risque-t-elle pas de bouleverser le marché mondial des minerais ?

Pour éviter ce problème relatif aux producteurs terrestres, la solution de la compensation est envisagée.

a. La question des producteurs terrestres

Destinée à satisfaire les besoins de l'humanité, l'exploitation de la Zone internationale serait en contradiction avec le principe de l'intérêt public international si elle devait provoquer une chute des cours.

Le but à atteindre, c'est encore une fois l'exploitation des ressources au profit de l'humanité tout entière, et particulièrement les pays du Tiers-monde. Il faut donc une répartition des bénéfices devant permettre de contribuer au développement économique de ces pays.

Cela suppose avant tout d'enrayer les conséquences défavorables possibles d'une exploitation des fonds marins sur l'économie des pays en voie de développement producteurs terrestres des minéraux qui seraient exploités. Ces pays ont d'ailleurs exprimé, lors des différentes sessions de la Conférence, leurs inquiétudes quant aux incidences, sur leur commerce, de l'exploitation des ressources minérales de la Zone internationale.

---

[23] (1) Op. cit. Les références concernant cet organe.

En effet les répercussions possibles sur les marchés mondiaux de l'exploitation des ressources minérales des fonds marins sont presque certaines. C'est ce postulat qui alimente la controverse qui oppose à cet égard les pays industriels et les pays en voie de développement producteurs de minerais.

Au début d'ailleurs des travaux du Comité des fonds marins, la controverse fut beaucoup plus vive. On assistait à une opposition entre ceux qui ont intérêt à une exploitation prochaine et relativement intensive des nodules et ceux qui, producteurs terriens des mêmes minerais, souhaiteraient qu'elle fût différée et, en tous cas, modeste.

Par la suite on a abouti à la création de la Commission spéciale n° 1, chargée des problèmes des pays en développement producteurs terrestres de minéraux extraits des nodules polymétalliques.

Cette Commission s'est assigné trois objectifs :

- L'identification des États en développement producteurs terrestres susceptibles d'être affectés pour la production de minéraux provenant de la Zone ;
- La détermination des problèmes auxquels risquent de se heurter ces États ;
- La définition des mesures propres à réduire à un minimum leurs difficultés.

Elle a concentré ses travaux sur le premier objectif, en s'efforçant d'identifier des critères permettant de mesurer les effets de production provenant des fonds marins. À cet égard, les recettes d'exportation semblent le critère le plus souvent pertinent [1].

Les États les plus gravement affectés seraient alors identifiés lorsque ces critères franchiraient un seuil déterminé (2).

Un accord s'est cependant dégagé autour de l'idée selon laquelle l'identification finale devra se faire au moment où interviendra la production extraite des fonds marins.[24]

Il convenait, en effet, d'éviter de dresser d'ores et déjà une liste d'États qui serait dépassée d'ici quelques années, compte tenu de l'évolution des marchés des minéraux concernés.

Le dernier objectif de la Commission a toutefois déjà fait l'objet d'une ébauche à travers la solution de la compensation.

b. La solution de la compensation

Cette solution vise à réduire au minimum les effets adverses que les flottements des prix des produits extraits pourraient causer à certains pays producteurs en terre ferme. L'approche globale du développement à partir du concept de patrimoine commun de l'humanité devrait, non seulement, surmonter les conflits d'intérêts du temps présent, mais envisager les défis qu'affrontera le futur. On retrouve,

---

Ce critère permettrait de calculer des ratios tels que le rapport recettes d'exportation provenant des autres minéraux/recettes d'exportation totales d'un État donné ou le rapport valeur des exportations des minéraux/produit intérieur brut.

(2) On cite fréquemment l'exemple des trois « z » : ZAIRE, ZAMBIE, et ZAMBEZE qui sont les principaux producteurs de cuivre et de cobalt susceptibles d'être dans cette situation.

particulièrement en évidence, le caractère prospectif de la gestion des ressources de la Zone.

L'Autorité internationale envisagée est l'organisation par l'intermédiaire de laquelle les États Parties organisent et contrôlent les activités menées dans la Zone, notamment en vue d'atteindre un développement harmonieux de la communauté internationale. Or, selon les prévisions de la C.N.U.C.E.D. (1), le revenu net que cette organisation tirerait de l'exploitation sous-marine des ressources minérales serait très loin de compenser les pertes de recettes que subiraient du fait de cette exploitation les pays en développement qui exportent actuellement les produits en question.

Il est ainsi préconisé cette solution de la compensation par le biais d'arrangements spéciaux sur le plan international visant à protéger les intérêts de ces derniers.

Diverses méthodes ont alors été proposées, telles que la fixation d'un plafond de production, un soutien des cours des marchés internationaux, ainsi que des arrangements compensatoires en faveur des pays en voie de développement atteints, etc.[25]

Sans entrer dans les détails économiques de ces mesures, la question qu'on peut se poser est de savoir, si les difficultés qu'elles révèleront probablement en pratique, ne risqueraient-elles pas de retarder encore plus le fonctionnement du régime international ?

---

[25] (1) Nous tirons cette information de M. DUPUY qui dans « L'Océan Partagé » p. 192, renvoie en notes infrapaginales à des documents de la CNUCED.

En tous cas, cette solution de compensation a pour l'instant suscité différentes réactions. Ainsi on estime que ces États en voie de développement en question devraient formuler un plan à long terme, qui les mette à l'abri de toute dépendance de la bonne volonté des États exploitant les fonds marins qui sont le patrimoine commun de l'humanité, et que l'idée de compensation découle naturellement de ce principe.

C'est d'ailleurs pour traduire effectivement un tel principe dans la réalité qu'est institué un système de contrôle international par l'Autorité.

2. Le contrôle international

Il ne suffit pas que soit créée une Autorité dotée de certains pouvoirs pour qu'elle puisse acquérir dès lors le dynamisme nécessaire à son bon fonctionnement.

Encore faut-il pour son efficacité, qu'elle soit dotée d'une structure capable de répondre particulièrement à cette fonction principale de contrôle qui lui a été assignée.

C'est pourquoi ont été non seulement créés des organes appropriés, mais aussi des dispositions précises leur donnant compétence.

a. Les organes de contrôle

Trois organes sont concernés : une Assemblée groupant tous les membres de l'Autorité, un Conseil plus restreint et un Secrétariat.

C'est ce qui constitue la structure principale de l'Autorité. Cette structure n'est pas sans rappeler celle de l'O.N.U.

Le conformisme est assez flagrant, mais ne préjuge en rien de la différence de l'Autorité internationale des fonds marins. Il s'agit en la créant, de mettre en place une véritable structure de pouvoir.

Revenons en détail sur les trois organes concernés :

L'Assemblée, le Conseil et le Secrétariat.

- L'Assemblée :

C'est un organe qui correspond à la vocation universelle de la Convention, puisque groupant tous les membres de l'Autorité.

Ce qui justifie d'ailleurs sa prééminence. Celle-ci se manifeste par une série de dispositions qui lui assurent un contrôle sur les autres organes (1).

N'empêche qu'avant d'en arriver là, une rude discussion au sein du Groupe de travail chargé de l'Autorité internationale des fonds marins porta sur la nature des organes subsidiaires que pouvait créer l'Assemblée et surtout sur les pouvoirs respectifs de l'Assemblée et du Conseil. Certaines délégations du Tiers-monde étaient particulièrement désireuses de privilégier systématiquement le rôle de l'Assemblée (organe plénier) par rapport à celui du Conseil (organe restreint).

- Le Conseil a aussi un pouvoir non négligeable.

– Le Conseil

Le Conseil tient dans le dispositif une grande place non seulement en raison de l'importance des pouvoirs dont il dispose, mais aussi à cause de certaines particularités propres à sa structure et à son organisation.[26]

Il se compose de trente-six membres de l'Autorité, élus par l'Assemblée. [(1)] C'est l'organe exécutif de l'Autorité ayant le pouvoir d'arrêter, en conformité avec la Convention et avec la politique générale définie par l'Assemblée, » les politiques spécifiques à suivre par l'Autorité sur toute question ou tout sujet relevant de sa compétence « (article 162).

À ce titre, il surveille et coordonne la conduite des activités menées dans la Zone, donne des directives à l'Entreprise et exerce un contrôle sur ses activités, propose à l'Assemblée une liste de candidats à l'élection au poste de Secrétaire général de l'Autorité et lui recommande des candidats aux fonctions de membres du Conseil d'Administration et de Directeur général de l'Entreprise, joue un rôle important en matière d'établissement du budget et du règlement financier de l'organisation, conclut des accords avec l'O.N.U. et d'autres organisations intergouvernementales, etc.

Enfin qu'en est-il du dernier organe, le Secrétariat ?

- Le Secrétariat

Les fonctions du Secrétariat sont aussi importantes.

Outre celle de secrétariat proprement dit, il a une fonction de consultation et de coopération avec les organisations internationales et les organisations non gouvernementales.

---

[26] (1) voir article 160, sous-section B consacré aux Pouvoirs et fonctions de l'Assemblée.

Cet organe permanent est de ce fait, bien placé pour s'acquitter d'une telle mission.

Voilà le particularisme de l'Autorité, même si sa structure reprend le schéma traditionnel onusien.

Ce particularisme apparaît également au niveau des règles qui encadrent sa compétence pour le contrôle international.[27]

b. Les règles de compétence

Il faut dire que l'Autorité est investie des moyens juridiques lui permettant tout à la fois de s'imposer aux États membres et d'exercer elle-même des fonctions de contrôle international.

Diverses dispositions du texte de la Convention soulignent cela :

- En premier lieu, l'article 153, paragraphe 1 indique que » *les activités, dans la Zone, sont organisées, menées et contrôlées par l'Autorité pour le compte de l'humanité tout entière* », conformément aux dispositions du texte.
- Ensuite, le même article, en son paragraphe 4 signale que l'Autorité exerce sur les activités menées dans la Zone le contrôle nécessaire pour assurer le respect des dispositions pertinentes de la Convention et des règles de mise en application qui auront été arrêtées. De la même façon, le paragraphe suivant ajoute que l'Autorité aura le droit de prendre à tout moment les mesures prévues dans la partie XI pour assurer le respect des dispositions de celle-ci et être à

[27] (1) l'article 161, sous-section C donne des précisions utiles sur la nature et la répartition des membres choisis.

même d'exercer les fonctions de contrôle et de réglementation qui lui incombent. À cette fin, on lui reconnaît le droit d'inspecter toutes les installations dans la Zone.

- Enfin, comme on le verra plus loin, les principales voies effectives de ce contrôle par l'Autorité sont constituées par approbation de plans de travail et autorisations de productions ainsi que d'autres modalités de réalisation du régime.

En attendant qu'en est-il de la dimension matérielle ?

Section II. La dimension matérielle

L'organisation internationale de l'exploitation des fonds marins nécessite comme nous venons de le voir, des organes appropriés. Elle nécessite également pour être viable, des mesures d'accompagnement. C'est ce qu'il nous faut essayer de déterminer à travers la réalisation des activités dans la Zone et le caractère transitoire du régime.

1. La réalisation des activités dans la Zone

L'Autorité est une organisation formée par un ensemble d'organes ayant chacun une fonction spécifique dans le régime international.

L'Entreprise internationale des fonds marins est l'organe d'exploitation. Les activités menées dans la Zone le sont par l'Entreprise (article 153, § 2, lettre a)

Nous essayerons de cerner cet organe capital, avant de voir comment il s'acquitte de sa tâche.

a. L'Entreprise

L'Entreprise est le bras industriel de l'Autorité des fonds marins. Elle a son établissement principal au siège de celle-ci.

Elle sera soumise à son contrôle et observera ses directives, mais sera néanmoins autonome dans la conduite de ses opérations.

Cet organe possède une structure administrative propre et des capitaux indépendants. Il est même doté d'une personnalité juridique distincte de celle de l'Autorité. Cela lui est reconnu en vertu d'un instrument international [(1)] qui définit également l'objet de ses activités.

b. Sa mission

L'Entreprise a pour but en effet, de mener directement les activités dans la Zone.

L'article premier de l'annexe IV précise que « *l'Entreprise est l'organe de l'Autorité qui mène des activités dans la Zone directement en application de l'article 153, $ 2, lettre a, ainsi que des activités de transport, de traitement et de commercialisation des minéraux tirés de la Zone*[28].

On est donc bien ici en présence d'activités techniques, industrielles et commerciales relatives à l'exploration de la Zone et à l'exploitation de ses ressources.

---

[28] (1) voir article 170, sous-section E ; et en particulier l'annexe IV de la Convention sur le droit de la mer, pour le statut de l'Entreprise.

L'Entreprise pourrait ainsi être considérée, à la lumière du droit administratif français moderne, comme un établissement public industriel et commercial. On y retrouve plusieurs des conséquences qui y sont rattachées : la possibilité de conclure des contrats avec d'autres personnes morales (notamment pour faciliter l'exploitation), l'accomplissement d'actes de commerce comparables à ceux exercés par des personnes privées (vente de ressources exploitées), etc.

Ces exemples cités englobent d'ailleurs la quasi-totalité de la mission de l'Entreprise. Ce qui confirme davantage notre hypothèse.

Pour permettre enfin à l'Entreprise de s'acquitter convenablement de cette mission, il convenait, outre la garantie d'accès, de mettre à sa disposition des moyens financiers adéquats et la technologie marine nécessaire.

Seulement il convient de souligner ici qu'à partir de la 6ème session (2) de la Conférence sur le droit de la mer, les questions financières allaient prendre une importance accrue.[29]

En effet, par comparaison aux autres contractants, l'Entreprise bénéficie d'avantages particuliers, mais ce

---

[29] (1) Il s'agit des contrats de co-entreprise prévus à l'article 153, $ 2,b.

(2 Nous rencontrerons ce problème en détail, chemin faisant.

NEW YORK, 23 mai— 15 juillet 1977 — Texte de négociation composite officieux.

(3) pour les P.V.D. la décision de l'Autorité de réserver un site devait intervenir après la phase d'exploration et non à l'issue de celle de prospection ; alors que pour les nantis, les coûts de l'exploration sont trop importants.

sont les problèmes de son financement qui soulèvent les plus graves difficultés.

Si les pays en voie de développement ont eu à faire valoir une exigence [3] sur ce point, l'apport financier par les

Industrialisés sera sans nul doute décisif. Or, mettant en balance les charges financières et les obligations à eux imposées en matière de transfert des techniques, ces pays semblent portés à considérer que les garanties d'accès qui leur sont offertes demeurent trop faibles.

Cette objection risque d'être fatale au bon fonctionnement de l'Entreprise. De toute façon, la plupart de ces pays industrialisés n'ont même pas signé la Convention.

Pour le transfert de la technologie marine justement, il en sera beaucoup question au cours de nos développements ultérieurs. »[1]

Pour l'instant, il reste une autre mesure d'accompagnement du régime international : le caractère transitoire du régime.

2. Le caractère transitoire du régime

Le régime international a un caractère transitoire en ce sens qu'il sera soumis d'une part à un examen périodique, et d'autre part à un processus de révision.

a. L'examen périodique

L'article 154 indique : « *Tous les cinq ans à compter de l'entrée en vigueur de la Convention, l'Assemblée procède à un examen général et systématique de la manière dont le régime international de la Zone établi par la Convention a fonctionné dans la pratique. À la lumière de cet examen, l'Assemblée peut prendre ou recommander à d'autres organes de prendre des mesures conformes aux dispositions et procédures prévues dans la présente partie et les annexes qui s'y rapportent et permettant d'améliorer le fonctionnement du régime* ».[30]

Toute amélioration révélée nécessaire pouvant aussi se faire, on est bel et bien en présence d'un régime à caractère transitoire. Peut-être cela était-il nécessaire pour accompagner un régime qui se veut universel ?

Cependant, pour les pays industrialisés, cela leur semble assurer encore la précarité des avantages à leurs yeux forts minces, qui leur sont consentis.

Nous parlions justement à ce propos de mesures d'accompagnement.

Il y en a effectivement une autre, plus automatique : le processus de révision.

b. Le processus de révision

La 11ème Partie et les annexes qui s'y rapportent sont soumises à une révision systématique quinze ans après le 1er janvier de l'année de démarrage de la première exploitation commerciale.

L'Assemblée convoquera alors une conférence de révision (2), afin de dresser des bilans et de décider là encore des améliorations révélées nécessaires.

Ce système de révision forcée n'a pas à son tour manqué de soulever les protestations des pays

---

[30] (1) Se reporter à la rubrique consacrée à la conclusion du contrat sur les activités à mener dans la Zone.

industrialisés qui considéraient que « les négociations en vue de la révision se dérouleraient sous la contrainte pour l'une des branches du système parallèle ».

Les pays en voie de développement par contre, tiennent à la double formule de la révision périodique et de la révision globale.

À quoi M. DUPUY donne une explication assez satisfaisante : « *On se trouve dans un domaine relevant typiquement de l'ordre économique international, lequel suppose une négociation quasi continue. Révision et adaptation se conçoivent, en tout état de cause, dans un domaine aussi nouveau du point de vue de la technique industrielle et des problèmes économiques alors que les négociations actuelles ne peuvent bénéficier d'aucune expérience concrète.* » [1]

Cette procédure de révision, pour en revenir, concerne effectivement les dispositions régissant le système d'exploration et d'exploitation des ressources de la Zone. Elle est distincte de celle qui concerne l'ensemble de la Convention que nous rencontrerons plus tard.

Il s'agit en fait ici d'examiner si les dispositions pertinentes se sont, à l'expérience, révélées profitables pour « l'humanité tout entière » et pour le développement harmonieux de l'économie mondiale.

Ainsi le régime international des fonds marins définissant un ordre économique nouveau très prometteur, va pouvoir s'adapter aux mutations d'un monde de plus en plus divisé.

En tout cas, telle doit être dans la réalité, une traduction efficace du concept de patrimoine commun de l'humanité.

On touche alors déjà à l'application du régime international d'exploitation des fonds marins.[31]

[31] (1) DUPUY, « L'Océan Partagé », op. cit. p. 167.

TITRE II

L'UNIVERSALISME DANS L'APPLICATION DU RÉGIME

Les principes qui fondent le régime international d'exploitation des fonds marins étant dégagés, il s'agira d'observer leur mise en œuvre. Celle-ci se traduit par l'application du régime qui s'exprime à travers les modalités de fonctionnement instituées (Chapitre I) et les conséquences qui en découlent (Chapitre II).

CHAPITRE I

LES MODALITÉS DE FONCTIONNEMENT

En effet, pour permettre à un mécanisme quel qu'il soit de fonctionner, il faut lui en donner les moyens. Le régime international ne fait pas exception à cette règle. Il est ainsi prévu dans le cadre de son fonctionnement, des modalités de sauvegarde (Section I) et surtout des modalités pratiques (Section II).

Section I. Les modalités de sauvegarde

Le fait est que les gisements intéressants ne recouvrent pas la totalité des grands fonds marins. Déjà les pays capables de les exploiter en ont sélectionné les meilleurs périmètres. Aussi, pour sauvegarder le système, a-t-il fallu prendre des mesures qui consistent à reconnaître des investisseurs pionniers et à leur réserver des sites.

1. L'investissement pionnier

Dès le début de la Conférence, un certain nombre d'États affirmèrent qu'ils avaient beaucoup investi dans l'exploration des modules et demandèrent alors des avantages.

Ainsi conformément aux dispositions du paragraphe 1 de la Résolution II (1) de l'annexe I de la Convention de 1982 sur le droit de la mer, les différentes catégories suivantes d'investisseurs pionniers sont reconnues :

a. Les États (France, U.R.S.S., Japon et Inde) ou une entreprise dépendant de l'un d'eux qui aurait établi avoir, avant le 1er janvier 1983, investi trente millions de dollars E.U. (§ a,i)[32]

b. Les consortiums américains auxquels sont associés des capitaux de Belgique, R.F.A., Royaume-Uni, Pays-Bas, Canada et Japon. Leur existence n'a pas manqué de susciter quelques appréhensions. Comme ce sont des sociétés, la délégation soviétique en particulier y a vu une discrimination au profit des États-Unis ou de leurs associés non obligés de signer la Convention pour bénéficier de la Protection des Investissements Préparatoires à l'inverse de la France et de l'U.R.S.S. (1)

Ce à quoi on a pu répondre : « cet avantage n'était que très temporaire, la poursuite de la P.I.P. requérait de toute façon la signature des États certificateurs intéressés (§ 8, lettre c) » note Daniel VIGNES. (2)

Ces consortiums sont identifiés par renvoi à un document du Département des affaires économiques et sociales internationales du Secrétariat général des Nations Unies. (3)

Pour acquérir en outre la qualité d'investisseurs pionniers, il leur faut remplir la même condition

---

32 Voir annexe 6).

d'investissement dans le même délai que pour la première catégorie (§ a,ii).

c. Tout État en développement qui avant le 1er janvier 1985 signe la Convention et prouve un investissement de 30 millions de dollars E.U. (§ a,iii).

Seule une entreprise brésilienne associée à des capitaux américains serait, parait-il, en état de bénéficier de cette possibilité.

Une fois reconnu, l'investisseur pionnier peut demander l'enregistrement d'un secteur.[33]

2. La réserve des sites

Outre le problème de la répartition des sites entre les divers exploitants qui se voit ici posé, l'enregistrement en tant qu'investisseur pionnier ne pose pas de difficulté majeure.

C'est-à-dire qu'au sujet de cette répartition des sites, deux conditions doivent être remplies.

a. La première condition reproduit le mécanisme dit du « banking system » prévu par la Convention. (1)

Il s'agit du système de la théorie de l'exploitation parallèle. Cela veut dire que sur une même zone donnée à exploiter, l'Entreprise ou les États (soit directement, soit par le biais des sociétés qu'ils

---

[33] (1) voir notamment P.V. des séances 178, 180 et 182 et documents L/133 annexe, L/139 et L/141.
(2) A.F.D. I. 1982, P. 802.
(3) voir en annexe 3 la liste de ces consortiums et autres entreprises d'exploitation minière océanique.

contrôlent) exploitent en parallèle les secteurs donnés par l'Autorité.

Le demandeur propose un site, mais celui-ci est divisé en deux parties commercialement estimables. En effet il donne pour tout le site l'ensemble des données techniques. Dans un délai de quarante-cinq jours, l'Autorité fixera la partie qui sera réservée exclusivement à l'Entreprise. Le secteur désigné devient réservé. Le secteur non réservé est alors approuvé par l'Autorité. Le contrat sera alors signé avec le demandeur.

Notons que c'est l'Autorité qui choisit les demandeurs. Elle va donner priorité à ceux qui offrent les meilleures garanties d'efficacité, les perspectives de gains financiers les plus rapides et à ceux qui ont investi le plus dans les efforts de recherche. L'Entreprise ne doit de toute façon pas être lésée. Elle est prioritaire pour l'attribution des sites. Elle peut les exploiter seule ou bien elle peut s'associer avec des co-contractants qui auraient alors des incitations financières.[34]

L'Autorité détermine également la prospection, la superficie des secteurs, la durée des opérations, les catégories de ressources, les normes pour les inspections, les droits et les obligations des co-contractants, la répartition des bénéfices.

---

[34] (1) cf. article 8 de l'annexe III de la Convention.

b. Il existe aussi une deuxième condition

Les secteurs faisant l'objet des demandes d'enregistrement ne doivent pas se chevaucher ou empiéter sur des secteurs déjà attribués.

C'est pourquoi les États demandeurs doivent avant tout veiller au règlement des éventuels conflits de chevauchement entre les sites revendiqués (§ 5,a).

Des négociations en ce sens se sont d'ailleurs fréquemment déroulées dans le cadre de sessions de la Commission préparatoire, depuis l'institution de celle-ci par une résolution votée en même temps que la Convention. On peut citer la dernière négociation en date qui enfin a abouti à un accord le 5 février 1986 à Arusha (Tanzanie).[1)]

Aujourd'hui donc le problème du chevauchement des sites est pour l'instant réglé.

Au total, les modalités de sauvegarde semblent apparemment bien fonctionner, malgré quelques difficultés déjà évoquées à propos de la reconnaissance des « consortia » américains comme investisseurs pionniers.

Qu'en est-il alors des modalités pratiques ?

(1) voir en annexe 7 le texte de cet accord.

Section II. Les modalités pratiques

L'Autorité encourage la prospection dans la zone internationale là où elle doit mener à une exploitation. Toutefois certaines modalités pratiques sont exigées : le demandeur doit être qualifié et son plan de travail doit aussi être approuvé.

1. La qualification des demandeurs

C'est de la qualification en océanologie profonde qu'il est certainement question, même si la Convention n'en dit mot.

Les conditions et les critères de qualification sont fixés par l'article 4 de l'annexe III.

a. Les conditions

Le paragraphe 1 de cet article 4 renvoie à l'article 153, paragraphe 2, lettre b de la Convention qui dit : « *en association avec l'Autorité, les activités menées dans la Zone le sont conformément au paragraphe 3, par des États Parties ou des Entreprises d'État ou par des programmes physiques ou morales possédant la nationalité d'États Parties ou effectivement contrôlées par eux ou leurs ressortissants, lorsqu'elles sont patronnées par ces États ou par tout groupe des catégories précitées qui satisfait aux conditions stipulées dans la présente partie et à l'annexe III.* »

On remarquera la relation entre ces deux dispositions.

Il est surtout intéressant de noter que le demandeur doit sacrifier à une condition de nationalité.

Il doit aussi répondre aux critères de qualification énoncés.

b. Les critères de qualification

Ces critères nous semblent beaucoup plus clairs que les conditions exigées, bien qu'ils aient parfois tendance à se confondre.

En effet le même article 4 de l'annexe III qui les fixe est simplement intitulé : « conditions de qualification des demandeurs. » Or, il y a dans cet article le paragraphe 1 qui évoque les conditions, et le paragraphe 6 qui énumère les critères qui vont suivre :

– Le demandeur s'engage tout d'abord à respecter les obligations découlant de la 11ème Partie ;

- Il accepte ensuite le contrôle de l'Autorité ;
- Il doit enfin respecter les dispositions relatives au transfert des techniques énoncées à l'article 5 de l'annexe précitée.

Il exécutera alors son contrat lorsque ses plans de travail auront été approuvés par l'Autorité.

2. L'approbation des plans de travail

L'article 6 de l'annexe III consacrée à ce problème indique : « *l'Autorité entreprendra l'examen des plans de travail proposés six mois après l'entrée en vigueur de la Convention, puis tous les quatre mois.* »

L'Autorité sacrifie à cette tâche suivant un principe et ses atténuations contenus également dans cet article, au paragraphe 2.

a. Le principe

Si les plans de travail sont conformes, l'Autorité les approuve. Cette approbation se fait par le biais du

Conseil statuant sur chaque plan de travail dans les soixante jours suivant la date à laquelle celui-ci a été soumis à une de ses sessions par la commission juridique et technique (article 162, § 2).

Rappelons que le demandeur doit avoir suivi les procédures de présentation des demandes que nous avons déjà évoquées ci-dessus.

Il faut que ces plans de travail soient conformes aux conditions uniformes et non discriminatoires énoncées dans les règles, règlements et procédures de l'Autorité. [1]

Ce principe que nous venons d'énoncer admet quelques atténuations.

b. Les atténuations

Ces atténuations sont successivement énumérées :

- Une partie ou la totalité de la zone visée pour le plan de travail proposé est comprise dans un plan de travail déjà approuvé ou dans un plan de travail précédemment proposé sur lequel l'Autorité n'a pas encore statué définitivement ;
- La mise en exploitation d'une partie ou de la totalité de la zone visée par le plan de travail proposé a été exclue par l'Autorité en application de l'article 162, paragraphe 2, lettre x qui prévoit le risque de dommages graves pour le milieu marin ;
- Le plan de travail proposé est soumis ou patronné par un État Partie qui a déjà fait approuver certains plans de travail bien dénommés dans ce même article 6, paragraphe 2, lettre c.

Dans tous ces cas, il n'y aura pas d'approbation.

Ces exceptions sont importantes, mais ne visent en rien le principe de son sens. Il nous a semblé bon d'en faire cas pour montrer que l'approbation des plans de travail mêmes conformes n'est pas toujours automatique.

Encore une fois, on est en présence de modalités de fonctionnement dont le crédo majeur reste l'efficacité.

Cet objectif est-il atteint ?

L'examen des conséquences auxquelles conduisent ces modalités de fonctionnement nous éclairera, peut-être, davantage sur cette importante question.

CHAPITRE II

LES CONSÉQUENCES DU FONCTIONNEMENT

Si les modalités pratiques ont bien fonctionné, on aboutit à la conclusion du contrat sur les activités à mener dans la Zone (Section I). Si ce dernier n'a, par contre, pas bien fonctionné, il prendra fin (Section II).

Il faut considérer ces deux conséquences du fonctionnement.

Section I. La conclusion du contrat sur les activités à mener dans la Zone

Ce contrat est conclu pour l'exploitation commerciale des ressources de la Zone. De ce fait, à côté des obligations contractuelles, les clauses financières occupent une place prépondérante. La Convention a d'ailleurs réservé à ces dernières le très long article 13 de l'annexe III, tandis que les autres obligations que nous appelons obligations contractuelles simplement pour les distinguer, sont éparses et même un peu floues.

1. Les obligations contractuelles

Le contrat est conclu entre l'Autorité et les entités ou personnes visées à l'article 153, paragraphe 2, lettre

b. [(1)] dénommées contractants. Par conséquent il y a des obligations qui incombent à chacune de ces deux parties.[35]

a. Les obligations incombant à l'Autorité

Ces obligations sont essentiellement de deux ordres :

– L'Autorité doit assurer le contrôle des opérations résultant du contrat. Les activités sont toutes menées sous son autorité.

– Elle doit aussi assurer la recherche scientifique et le transfert des techniques, tout en « s'abstenant de communiquer à l'Entreprise ou à quiconque est étranger à elle les données qui lui sont fournies par des prospecteurs, des demandeurs de contrat et des contractants et qui sont réputées être propriété industrielle, mais les données concernant le secteur réservé peuvent être communiquées à l'Entreprise. L'Entreprise s'abstient de communiquer à l'Autorité ou à quiconque est étranger à l'Autorité les données de ce type qui lui sont fournies de la même façon ». [(1)]

Il faut alors savoir ce que recouvre cette «*propriété industrielle » dont on parle ici. On trouve une indication dans ce même article précité, au paragraphe 2 in fine : « ... les données qui sont nécessaires à l'élaboration par l'Autorité des règles, règlements et procédures relatifs à la protection du milieu marin et à la sécurité, autres que les données relatives à la conception de l'équipement, ne sont pas*

[35] (1) Il s'agit des États Parties ou des Entreprises d'État ou des personnes physiques ou morales possédant la nationalité d'États Parties ou effectivement contrôlées par eux ou leurs ressortissants.

réputées être propriété industrielle. » C'est une définition à contrario, quelque peu insuffisante. L'exclusion ne concerne que certaines données qui sont bien précisées.

Au demeurant, ces deux genres d'obligations incombant à l'Autorité ne posent pas de problème majeur. Le contractant est censé les supporter dès la demande de qualification.

Ce dernier a d'ailleurs à sa charge des obligations qui lui sont propres.[36]

b. Les obligations du contractant

Nous ne reprendrons donc pas ici les obligations acceptées dès la demande de qualification, qui en fait comptent d'ailleurs plus comme des critères de qualification. Cela a été déjà traité. Nous parlerons des seules obligations découlant du contrat. Elles sont également de deux ordres :

– D'abord, » l'exploitant » doit communiquer à l'Autorité, à des intervalles fixés par elle, toutes les données qui lui sont nécessaires et pertinentes en vue de l'exercice effectif par les principaux organes de l'Autorité de leurs pouvoirs et fonctions en ce qui concerne le secteur visé par le plan de travail. « (§ 1, art. 14 précité).

Cela, il doit le faire avec d'autant plus d'acuité que la confidentialité des données lui est assurée, comme nous venons de le voir au niveau des obligations incombant à l'Autorité.

---

[36] (1) Libellé exact du paragraphe 3, article 14 de l'annexe III de la Convention de 1982 sur le droit de la mer.

— Il doit ensuite exécuter son contrat conformément aux règles et procédures fixées par l'Autorité.

Toutefois, cette exécution suppose quelques arrangements financiers.

2. Les clauses financières

Il s'agit aussi d'obligations découlant du contrat, mais cette fois-ci financières.

Nous adopterons la même distinction que précédemment, entre obligations incombant à l'Autorité et obligations du contractant.

a. Les obligations financières incombant à l'Autorité

Ce sont brièvement les suivantes :

- Faire en sorte que les contractants soient traités sur un pied d'égalité du point de vue financier et que leurs obligations financières soient comparables ;
- Fournir des incitations financières sur une base uniforme et non discriminatoire pour encourager les contractants à conclure des accords de coentreprise avec l'Entreprise et avec les États en développement ou leurs ressortissants.

b. Les obligations financières du contractant

Notons tout d'abord que le demandeur verse 500.000 dollars E.U. par demande à l'Autorité.

Si le contrat est signé, un droit annuel de 1.000.000 de dollars E.U. sera versé à cette même Autorité.

Cette somme exigée du contractant nous parait trop élevée, d'autant plus que la rentabilité de l'exploitation n'est pas garantie à l'avance. Seulement l'Autorité doit s'assurer le maximum de recettes provenant de la production commerciale pour promouvoir le développement harmonieux de l'économie mondiale. Là est la question : comment concilier cet objectif avec la logique de profit des entreprises capables d'exploiter les ressources de la Zone ?

Toujours est-il que ce contrat entre l'Autorité et le demandeur peut au moins être remis en cause. Il peut être amené à prendre fin d'une manière ou d'une autre.

Section II. La fin du contrat

Il faut envisager deux modes de fin du contrat : une fin non juridictionnelle qui pourrait-on dire est de plein droit ; et une fin juridictionnelle, c'est-à-dire qui passe par la saisine d'une juridiction.

1. La fin non juridictionnelle

La fin du contrat peut intervenir sans l'intermédiaire d'un organe juridictionnel, dans les deux cas suivants : circonstances exceptionnelles ou indélicatesse du contractant.

a. Circonstances exceptionnelles

L'article 19, paragraphe 1 de l'annexe III dit : *"lorsqu'il se présente ou qu'il pourrait se présenter des circonstances qui, de l'avis de l'une ou de l'autre des parties, auraient pour effet de rendre un contrat inéquitable ou de compromettre ou d'empêcher la réalisation des objectifs prévus par celui-ci ou par la partie XI, les parties engagent des négociations en vue de réviser le contrat en conséquence."*

Cet article parle de révision du contrat en conséquence d'éventuelles modifications résultant de circonstances qui ne sont pas précisées. Ainsi on peut penser que ces circonstances peuvent être si exceptionnelles que la révision serait totale, entraînant par là même la fin automatique du contrat initial.

De toute manière, en l'absence d'une disposition expresse sur l'annulation du contrat par consentement mutuel des parties, pourrait s'appliquer une règle bien connue du droit commun des contrats : en présence de circonstances exceptionnelles modifiant l'économie générale du contrat, celui-ci peut être annulé par accord entre les parties.

Cependant, ce cas de figure est rare. Beaucoup plus fréquent sera sans doute l'autre cas d'annulation de plein droit.

b. Indélicatesse du contractant

Cela se produit, » *lorsque, malgré les avertissements de l'Autorité, le contractant a mené ses activités de telle manière qu'elles entraînent des infractions graves, réitérées et délibérées,* aux clauses fondamentales du contrat, aux règles, règlements et procédures de l'Autorité et à la partie XI ; ou lorsque le contractant ne s'est pas conformé à *une décision définie et obligatoire prise à son égard par l'organe de règlement des différends.* « (Article 18, paragraphe 1 de l'annexe III.)

Dans ce cas l'Autorité peut mettre fin au contrat.

L'infraction nous semble ici tellement grave qu'il n'est même pas donné à l'Autorité la faculté de prononcer des sanctions pécuniaires proportionnelles, à la place de la résiliation ; alors que cette faculté lui est octroyée par le paragraphe 2 de l'article 18 précité, dans les autres cas d'infraction aux clauses du contrat. On trouve cependant une précision intéressante au paragraphe 3 : « *Sauf s'il s'agit des ordres émis en cas d'urgence en vertu de l'article 162, paragraphe 2, lettres W (1), l'Autorité ne peut faire exécuter une décision relative à des peines pécuniaires ou à la suspension ou à la résiliation du contrat tant que le contractant n'a pas eu raisonnablement la possibilité d'épuiser les recours judiciaires dont il dispose conformément à la section 5 de la partie XI* ».

2. La fin juridictionnelle

Un tribunal international du droit de la mer a en effet été créé. Il a son siège dans la ville libre et hanséatique de HAMBOURG (République fédérale d'Allemagne).

Ce tribunal peut être saisi pour tout différend relatif aux fonds marins. Ce peut être naturellement, à l'occasion d'un différend concernant le contrat conclu entre l'Autorité et le contractant. Dans ce cas, comment le tribunal exercera-t-il sa compétence, et quels sont les effets de ses jugements ?[37]

Et de la réponse à ces deux questions que dépendra notre compréhension de tout un mécanisme assurant la

---

[37] (1) Il s'agit en particulier de l'ordre du Conseil de suspendre ou de modifier les opérations afin de prévenir tout dommage grave pouvant être causé au milieu marin par des activités menées dans la Zone.

solution des conflits liés à l'exploitation du fond des mers.

a. La saisine du tribunal du droit de la mer

Une chambre pour le règlement des différends relatifs aux fonds marins est créée au sein du tribunal.

Si un différend surgit entre les Parties à propos de l'interprétation ou de l'application du contrat, ils s'efforcent de le régler à l'amiable.

Si cela n'est pas possible, le différend est soumis à un arbitrage commercial obligatoire (1).

Le tribunal arbitral commercial saisi d'un tel différend n'a pas compétence pour se prononcer sur un point d'interprétation de la partie XI et des annexes qui s'y rapportent au sujet des activités menées dans la Zone. Dans ce cas, ce point est renvoyé pour décision à la Chambre pour le règlement des différends relatifs aux fonds marins du tribunal international.

Les différends portés devant le tribunal du droit de la mer le sont par notification d'un compromis ou par requête adressée au Greffier.

Les décisions du tribunal sont prises à la majorité des membres présents.

Le jugement est motivé.[38]

---

[38] (1) Une disposition sur la procédure arbitrale applicable au différend est en général prévue dans le contrat. Le cas échéant, elle se déroule conformément au Règlement d'arbitrage de la C.N.U.C.I. ou tout autre règlement d'arbitrage qui pourrait être prévu dans les règles, règlements et procédures de l'Autorité.

b. Effets des jugements

Aboutissement d'une procédure juridictionnelle, les effets des jugements situent la portée pratique du mécanisme de solution des conflits. En effet, en annulant éventuellement le contrat, le tribunal peut mettre à la charge de l'une des deux Parties une obligation.

C'est d'abord une obligation de faire :

Si le tribunal juge qu'une Partie contractante a failli à des obligations qui lui incombent en vertu de la présente Convention, cette Partie doit prendre les mesures requises pour l'exécution du jugement du tribunal.

Ce peut être également le paiement de dommages-intérêts pour la réparation d'un dommage causé par un acte illicite de l'une des Parties dans la conduite des opérations nées du contrat.

Enfin, concernant toujours ces effets des jugements, la décision du tribunal est définitive et toutes les Parties au différend doivent s'y conformer.

Ainsi, le contractant a l'obligation de se conformer à une décision définitive et obligatoire prise à son égard par l'organe du règlement des différends, sous peine d'être sanctionné par l'Autorité, comme nous avons déjà eu à l'évoquer précédemment, au sujet de l'indélicatesse du contractant.

CONCLUSION

L'étude du concept de patrimoine commun de l'humanité place ce dernier dans une large perspective de réformation de la société internationale.

Certes celui-ci ne concerne que les fonds marins au-delà de la juridiction nationale, mais on ne peut sous-estimer la portée de l'intrusion dans le droit de la mer d'un concept destiné à placer, pour la première fois, un territoire et ses ressources sous l'autorité d'une organisation internationale.

L'humanité, norme supérieure aux États devenue bénéficiaire d'un tel apanage, devait le gérer en tenant particulièrement compte des intérêts des pays en voie de développement. Il donne ainsi à ces derniers un argument essentiel à leur droit au développement.

Il faut souligner que depuis leur accession à l'Indépendance, les pays en voie de développement se sentant défavorisés par rapport aux autres, n'ont cessé de revendiquer au sein des organismes internationaux, un nouvel ordre économique international.

Cette question allait prendre une importance considérable à la Troisième Conférence des Nations Unies sur le droit de la mer.

Après neuf années de négociations, une Convention qui constitue certainement l'œuvre de codification et de développement du droit international la plus ambitieuse qui ait été accomplie sous les auspices des

Nations-Unies, a été adoptée le 10 décembre 1982 à Montego Bay (Jamaïque).

Cette Convention est la première qui traite de tous les aspects de l'utilisation des espaces marins et de leurs ressources.

De ce point de vue, c'est elle qui consacrera définitivement l'application du concept de patrimoine commun de l'humanité aux fonds marins internationaux.

Non seulement le patrimoine commun a été contenu sur ces fonds marins, mais il devait subir les amputations que lui a imposé un vaste mouvement d'appropriation nationale.

De surcroît, l'idéalisme harmoniste sur lequel repose le concept de patrimoine commun de l'humanité semble méconnaître les contradictions internationales qui freinent son processus d'institutionnalisation.

L'une particulière de ces contradictions semble être la division des États, représentant de l'humanité, selon leur niveau de développement. Monsieur ESPINOSA, délégué de la COLOMBIE devait d'ailleurs à ce propos déclarer : « *les divergences de vues sont fonction non pas des idéologies qui divisent le monde, mais du degré de développement, et reflètent un clivage non pas entre l'Est et l'Ouest, mais entre les puissances industrielles et maritimes du Nord et le Sud immense et sous-développé, résolu à participer au développement progressif du droit et à l'abolition des systèmes qui accentuent l'inégalité entre les pays.* » [1]

Cet antagonisme Nord — Sud témoigne bien de la présence d'enjeux plus politiques que juridiques. Monsieur TUNCHI, Représentant de la TURQUIE au Comité du fond des mers, fit à son tour observer que *« l'Assemblée générale avait confié l'examen des questions relatives à l'espace marin, non à la Commission du droit international, composée de juristes, mais au Comité des utilisations pacifiques du fond des mers et des océans, qui a une composition éminemment politique.*

La décision des membres des Nations Unies de ne plus considérer les questions qui se posent dans le domaine du droit de la mer comme des sujets de droit correspond aux impératifs de la vie moderne, où les facteurs politiques, économiques et sociaux ont une forte influence. »

Ces derniers facteurs furent présents à toutes les étapes de la négociation de ce traité créant un ordre international nouveau avec une morale et une finalité qui lui sont propres. Or, le droit suit le fait avec un temps de décalage.

Ce qui fait que certaines questions rencontreront inévitablement des difficultés dans la pratique. Il en est ainsi du statut de l'Entreprise, du financement de l'Autorité des fonds marins, du partage des bénéfices réalisés par elle, du régime des compensations accordées aux producteurs terrestres de minerais.

C'est pourquoi jamais cette Convention ne sera appliquée.

D'ailleurs la plupart des grands pays industrialisés disposant des capitaux et de la technologie marine nécessaires à l'exploitation des fonds marins ne l'ont même pas signée.

Cependant, on peut imaginer qu'on aura tout de même fait œuvre utile. Incontestablement, il y aura un embryon de l'Autorité internationale qui va être mis en place. Ne serait-ce que parce qu'il y a une commission préparatoire quand même embryonnaire.

En 1982, les successeurs pourront avoir un texte de référence. Cela devrait servir en somme de brouillon à de futures négociations aux alentours des années 2050.

Il est à peu près certain que le groupe des « 22 » va se scinder ; et les pays en voie de développement, les plus développés vont rejoindre le système parallèle surtout pour les retombées technologiques.

En tout cas, l'état du droit sera beaucoup plus pragmatique que ce qui est contenu dans la Convention en question.

Aujourd'hui, le Sénégal devrait pouvoir en tout état de cause, s'inspirer des mécanismes découlant de la convention de Montego Bay du 10 décembre 1982 qu'il a signée la même année et ratifiée le 25 octobre 1984, pour mener à bien l'exploitation de son pétrole et gaz offshore.

Étant entendu que non seulement le besoin est pressant, mais l'espoir suscité est encore plus grand.

Toutefois, il ne faudrait pas perdre de vue la situation de nos pécheurs artisanaux, avec leurs petites embarcations de fortune, en concurrence avec ces géants des mers qui bientôt vont sillonner nos eaux, de Ziguinchor à Saint-Louis, en passant par Mbour et Kayar.

Les capitaines de ces pirogues, en méconnaissance des règles de sécurité maritime et du non-respect du dispositif de trafic en matière de circulation en mer, vont accroître les abordages, avec l'arrivée massive de ces navires pétroliers et gaziers.

Ces derniers devront être encadrés, pour savoir qu'il y a un dispositif de trafic bien codé, en mer. C'est pour éviter des télescopages et autres collisions ou abordages, dans ce contexte d'exploitation de pétrole et de gaz offshore.

Autrement, le risque serait grand de voir nos pécheurs artisanaux se reconvertir dans le trafic de migrants, accroissant par le naufrage de leurs embarcations de fortune, la disparition en pleine mer de milliers de jeunes sénégalais, avides d'espoir d'un avenir meilleur, voulant à tout prix rejoindre les mirifiques côtes occidentales.

Pendant qu'il est temps, pourquoi ne pas penser à changer toutes ces coques en tronc d'arbre, fragiles, en pirogues en fibre de verres, plus adaptées à la situation actuelle ?

Enfin, tout cela dit, l'État du Sénégal devra encore rester très vigilant sur ce que les compagnies étrangères aux moyens colossaux, avec une technique de pointe, vont extraire de nos fonds marins. Je pense effectivement aux nodules polymétalliques auxquelles il a été fait une allusion illustrative, au niveau de la rubrique relative à « l'exploitation ».

Voilà le défi majeur auquel notre pays est actuellement confronté.

Cela ne relève nullement de la magie, c'est un combat commun.

BIBLIOGRAPHIE

I. TEXTES DE LOI

Constitution du Sénégal ;

Loi N° 98-31 du 14 avril 1998 relative aux activités d'importation, de raffinage, de stockage, de transport et de distribution des hydrocarbures ;

Loi N° 98-05 du 08 janvier 1998 portant Code Pétrolier ;

Loi N° 2019-03 portant Code Pétrolier ;

Loi N° 2020-06 portant Code Gazier du 07 février 2020 ;

II. OUVRAGES

« *Le contentieux Maritime devant le Juge, Etude de Droit Privé comparé du Sénégal, du Togo, de la Côte d'Ivoire, et de la France* », Publication de l'Institut Afrique Mer, 1994, Ibrahima Khalil DIALLO ;

« *Pétrole et Gaz au Sénégal, Chronique d'une Spoliation », Editions Fauves, 2017 ;* Ousmane SONKO ;

« Droit Sénégalais des Hydrocarbures (Pétrole et Gaz), Editions L'harmattan, 2022, Professeur Patrice SAMUEL ARISTIDE BADJI ;

A.D.I. :

« Propos sur le nouveau droit de le mer » (Actes du colloque organisé par l'ADI à Paris, les 16 et 17 juin 1983). Ed.A.PEDONE, Paris, 1985(120p.)

« La gestion des ressources pour l'humanité : le droit de la mer » (colloque de la Haye du 29 -31 octobre 1981), 1982(133 p.)

BA(A.) BRUNO (K.) et SAHLI(F.) :

« L'organisation de l'unité Africaine de la Charte d'ADDIS ABEBA à la Convention des droits de l'homme et des peuples » E. SILEX 1984.

BARDONNET(D) et VIRALLY(M) : 4

« Le nouveau droit international de la mer » Pub. RGDIP (Nouvelle série) N° 39.Ed. A. PEDONE, Paris 1983(378 p.).

COMBACAU (J.), THIERRY (H) sur (S) et Vallée (C.) :

« Droit international public ». Ed MONCHRETIEN. Paris 1983 (799p.)

Charaoui (G.) :

« La mer confisquée : un nouvel ordre économique favorable aux riches ? ». Col. « L'histoire immédiate ».Ed. du Seuil, Paris 1979 (267 p.)

C.N.E.X.O :

« La France et le Droit de mer ». Série : Rapport économique et juridique. N° 3. (ouvrage collectif de la RCPN° 258 du C.N.R.S.) 1974 (282p.)

COLLARD (C.A), DUPUY (R.J.), POLVECHE (J), etc.

« Le fond des mers ». C.U. Paris 1971.

COLLOQUE DE MONPELLLIER :

« Actualité du droit de la mer » (ouvrage collectif). SFDI Ed. A. PEDONE. Paris, 1973 (296 p.)

COLLOQUE D'AIX — EN — PROVENCE :

« Pays en voie de développement et transformation du droit international » (ouvrage collectif). S.F.D.I. Ed. A. PEDONE Paris, 1974 (314 p.)

DE MARFEY (A.) :

« La genèse du nouveau droit de la mer » (Comité des fonds marins) Ed. A. PEDONE. Paris, 1980(326 p.)

DUPUY (RG) et VIGNES (D).

« Traité du nouveau droit de la mer » col. « Droit International ». Ed. Economica. Paris, 1985(1447 p.)

DUPUY (RJ)

« L'océan partagé ».Ed. A. PEDONE. Paris 1979 (287p.)

LEVY (JP)

« La conférence des Nations Unies sur le Droit de la mer »

(Histoire d'une négociation singulière). Pub. RGDJP. Nouvelle série). N° 38. Ed. A. PEDONE. Paris 1983 (159p.)

LUARD (E) :

« The control of the sea-bed ». Ed. HEINEMANN. London 1977. (375 p)

MATRAY (J) :

« À qui appartient l'Océan ? ». Ed. Maritimes et d'Outre-Mer. Paris 1977 (350p.)

NGUUUUYEN QUOC(V.) :

« Droit international public ». LGDJ. 1987 (1189p.)

PARDO (A.) :

« The common heritage, select papers on ocean and world order ». 1967-1974. Malta University Press, 1975 (54999 p.)

PIQUEMAL (A) :

« Les fonds des mers, patrimoine commun de l'Humanité ». Pub. du CNEXO. Serie : Rapport Economique et Juridique N° 2. Université de NICE. Institut du Droit de la Paix du Développement 1973 (278p.)

RAO (S.) :

« The Public order of the ocean resources ». Ed. M.I.T. Press. Massachuettes 1975 (313 p.)

RIESENFELD (S.A.) :

« The Developing order of the oceans ». Ed. Robert B Krueger. 1984 (749 p.)

RODIERE (R) et REMOND— Gouilloud (M.) :

« La Mer : Droits des hommes ou Proie des États ». Ed. A. PEDONE, Paris 1980 (184p.)

III. ARTICLES

BEER-GABLE (J.) :

« L'exploitation du fond des mers pour l'humanité : chimère ou réalité ? ». RGDIP. 1977 (pp. 177-230).

BENNOUNA (M.)

« La limite extérieure du plateau continental et la gestion des ressources pour l'humanité », in A.D.I. 1982 (colloque de la Haye (pp. 109-124).

« Les droits d'exploitation des ressources minérales des océans ». RGDIP 1980 (pp. 120-144).

DAILLER (p.) :

« L'exploitation du fond des océans ».

Revue Juridique Politique Indépendance et Coopération, septembre 1980.

DOUENCE(J.C.) :

« Droit de la mer et développement économique sur la Côte Occidentale d'Afrique ». RGDIP 1967 (p.125).

DUPUY (R.J) :

« Le fond des mers, héritage commun de l'humanité et le développement », in SFDI, 1974 (colloque d'Aix— En- Provence) (pp. 235-252).

DYKE (V.), Jon and Yuen (C.) :

« common heritage » V. « Freedom of the high seas " : which governs the sea-bed ? San Diégo Law Rewiew (San Diégo, calif) 19 (3)-1982 (pp. 493-551).

Gilbert (A.) :

« La loi française sur les fonds marins internationaux ». RGDIP. 1983 (pp. 105-144)

GOLDWIN (RA.) :

« Le Droit de la mer : sens commun contre « patrimoine commun ». RGDIP. 1983 (pp. 719-739).

HERRERA CACERES (H.R.) :

« La sauvegarde du patrimoine commun de l'humanité », in A.D.I 1982 (colloque de la Haye) (pp. 125-134).
KISS(A.C.) :
« La notion de patrimoine commun de l'humanité ».
RCADI. 1982 ; II, Tome 175 (pp. 109-256).
OXMAN (B.H) :
« La législation américaine sur les ressources minérales solides des fonds océaniques ».
AFDI. 1980 (pp. 700-72227).
TREVES (T.) :
« Continuité et innovation dans les modèles de gestion des ressources minérales des fonds marins internationaux ».
In ADI 1982 (Colloque de la Haye) (pp. 63-83).
VICUNA (f.O.) :

IV. DOCUMENTS

Bulletin du droit de la mer n° 7, Avril 1986.
(Bureau du représentant spécial du secrétariat général pour le Droit de la Mer).
Documents des Nations Unies.
(Press Relense SEA/777) 8 septembre 1986.
JMM. 9 février 1984 :
« Le rapport de l'académie des sciences sur les nodules polymétalliques préconise le maintien du programme en cours pour des raisons de sécurité d'approvisionnement ». (pp.290— 292).

Mémoire de M. Jean- François TASSI :

« L'exploitation des ressources minérales des fonds marins ». Université de MONPELLIER I, Septembre 1972(112p.)

Rapport du Secrétaire général à la dernière Assemblée générale des Nations Unies (document non officiel).

Statement on the implementation of Resolution II (annexe). (Los/PCN/L.41) 5 septembre 1986.

S.T.E.S.A.167 de 1980.

« Mise en valeur des ressources des fonds marins : activités récentes des consortiums internationaux ».

Table des matières

DEUXIÈME PARTIE

II. LA DYNAMIQUE INSTITUTIONNELLE : UN RÉGIME UNIVERSALISTE

Structures éditoriales du groupe L'Harmattan

L'Harmattan Italie
Via degli Artisti, 15
10124 Torino
harmattan.italia@gmail.com

L'Harmattan Hongrie
Kossuth l. u. 14-16.
1053 Budapest
harmattan@harmattan.hu

L'Harmattan Sénégal
10 VDN SICAP AMITIE 3
BP 45034 Dakar-Fann
direction@senharmattan.com

L'Harmattan Cameroun
Tsinga/Derrière polyclinique FECAFOOT
BP 11486 Yaoundé
Jacques.koukam@harmattan.fr

L'Harmattan Burkina Faso
Villa 281, secteur 23 623, rue 14.32
Ouagadougou
zagbie@outlook.fr

L'Harmattan Guinée
Almamya, rue KA 028 OKB Agency
BP 3470 Conakry
harmattanguinee@yahoo.fr

L'Harmattan RDC
185, avenue Nyangwe
Commune de Lingwala – Kinshasa
matangilamusadila@yahoo.fr

L'Harmattan Congo
219, avenue Nelson Mandela
BP 2874 Brazzaville
deunovmikhael@gmail.com

L'Harmattan Mali
Immeuble Mgr Jean Marie Cissé
Aci Hamadallaye
BP 145 Bamako
syllaka@yahoo.fr

L'Harmattan Togo
Djidjole – Maison Amela
face EPP BATOME
02 BP 20680 Lomé
didieramela11@gmail.com

L'Harmattan Côte d'Ivoire
Résidence Karl – Cité des Arts
Abidjan-Cocody
03 BP 1588 Abidjan
harmattan.ivoire@gmail.com

L'Harmattan Bénin
Rue 604, (Immeuble à l'entrée
de la rue UCAO- Cite de Saint-Jean)
Cotonou
stepcorpus@gmail.com

Nos librairies en France

Librairie internationale
16, rue des Écoles
75005 Paris
librairie.internationale@harmattan.fr
01 40 46 79 11
www.librairieharmattan.com

Librairie des savoirs
21, rue des Écoles
75005 Paris
librairie.sh@harmattan.fr
01 46 34 13 71
www.librairieharmattansh.com

www.ingramcontent.com/pod-product-compliance
Lightning Source LLC
LaVergne TN
LVHW021233061026
849535LV00008B/3041